PABLO NERUDA
FIVE DECADES: A SELECTION
(Poems: 1925–1970)

PABLO NERUDA

Five Decades: A Selection
(POEMS: 1925–1970)

Edited and Translated by
Ben Belitt

GROVE PRESS, INC. NEW YORK

861
N

Certain of these translations have previously appeared in POETRY, THE
VIRGINIA QUARTERLY REVIEW, AUDIENCE, MODERN POETRY
STUDIES, SILO, THE NEW YORK TIMES BOOK REVIEW, THE NATION,
STAND, THE SOUTHERN REVIEW, EVERGREEN REVIEW, TRI-QUAR-
TERLY, MUNDUS ARTIUM, and THE NEW YORKER, and reappear here
with their permission.

—BB

ISBN: 0-394-49298-6
Grove Press ISBN: 0-8021-0038-4
Library of Congress Catalog Number: 73-21033

First Printing

Manufactured in the United States of America
Distributed by Random House, Inc., New York

GROVE PRESS, INC., 53 East 11th Street, New York, New York 10003

Table of Contents

Translator's Preface

The occasion of this anthology was to have been festive, rather than posthumous: a birthday book for the 70th *cumpleaños* (July 12, 1974) of Pablo Neruda, providing an aerial view of a Cyclopean talent undiminished by time or the shiftings of those tides whose densities and perils Neruda, under the sign of a fish in a double circle of longitude, plotted at Isla Negra with the precision of a mariner. The evidence of a "late" volume, like *Fin de mundo* (1969), with its puzzling truncation of a century thirty years in advance of its scheduled demise and its mordant preoccupation with failed purposes and the "She-Goat who whores for us all / at her games with the world," can now be viewed as cartographic, as well as prophetic. The vision of things to come—as cancer, as coup d'état, as assassination—is *there:*

> The epoch is rotting away,
> stalled at time's center
> like the bones of a cow
> with its predators gnawing within
> > *El siglo muere*

or:

> I've seen them: the fixers
> setting up their advantages,
> the arriviste's alibis,
> rich cheapskates spreading their nets,
> poets drawing their boundaries;

but I've played with clean paper
in the open light of the day

Diablitos

or:

I live with this horror; when I tumble,
I go down into blood.

El peligro

On the one hand, the waning optimism of Neruda's sixth decade, the movement of the corruptible world from its physical periphery to its metaphysical center, gives new perspective to his poetics of the "impure." On the other hand, the lyric resurgence of the enigmatic—foreseen in *Canto general* and confirmed in the buffoonery of *Estravagario*—at last encompasses all with the mineral definition of a gem or a megalith.

The purpose of this anthology, however, is not elegiac. The intent remains what it was: to reflect the continuum of five decades, trace the profile of its preoccupations and modalities, and savor the best of a canon which English translators have only begun to evoke in its craggy immensity. Its thrust, that is to say, is horizontal, fastidious, exacting. It enlists a point of view as personal as the mode of translation itself—a combination of tastes and criteria which have operated over fifteen years in the selection of three prior Grove Press anthologies: *Selected Poems of Pablo Neruda* (1925–1958), *A New Decade: Poems 1958–1967*, and *New Poems* (*1968–1970*). No anthology of the total *oeuvre* of Pablo Neruda has the right to call itself definitive. "Posterity," forced upon us when we least expected it, has yet to sift the ephemeral from the indispensable—though in the case of the three *Residencias* one can already discern a distillation of basic masterpieces, as well as the showpieces of a cult.

Doubtless, the anthology will also reflect something of the history of English translation of Neruda, as such—the gradual escalation and coalescence of his presence as an American talent of multinational urgency in this country. All translators of Neruda —a predatory species—are initially in debt to the versions of Angel Flores, which opened the way in 1944 with a sumptuous and knowledgeable selection from the three *Residencias,* for which readers and publishers in this country were apparently still unready. The same may be said for the dancer-poetess who in 1950, under the *nom de guerre* of "Waldeen," undertook the first translations, jointly with Neruda, of the explicitly "proletarian" pieces like *Alturas de Macchu Picchu, El fugitivo,* and *Que despierte El Leñador!* as a commission for the old *Masses and Mainstream* during the poet's exile in Mexico.

My own venture began after these dispensations had lapsed, and the canon of Neruda, enlarged to Homeric proportions by the addition of *Canto general,* the *Odas,* and *Estravagario,* had already touched a dozen languages with its incandescence. My task, thirty years after the fact, had to be *lateral*—a belated cut through the cornucopia in which even works like the three *Residencias* and *Canto general* were passing episodes in the enlargement of what is certainly the most indefatigable talent in our century. It was hardly any less so, when I undertook to suggest the diversity and extravagance of a "new decade" (1958–1967) in which Neruda's self-styled "birthday book" (1964) was a pyramidal personal epic called *Memorial de Isla Negra,* built, as the Mayans built, on five platforms, or volumes, and major works were appearing at the rate of two a year. Such ventures have earned their right to be taken for granted now. The clarion call for "whole books" by latecomers is a proper one, though the inflection might be less niggardly and possessive. Certainly it was the feeling of Neruda, during his last visit as national emissary to this country, that a further range was now desirable, and future negotiations should provide for the launching of whole works, whatever their heft and pullulation.

This, then, is the last (I would hope!) of the horizontal anthologies, on the eve of an era of vertical translation—a concert of voices already engaged in the recovery of total books, or universes of books, instead of charting the old cosmology or attempting to plot its solar explosions. It offers one hundred and thirty-eight poems from a sequence of twenty-one books written and published between 1925 and 1970, along with thirty new translations hitherto unpublished—most of them from the concluding three works, in the hope of extending the vertical range enjoined by the poet and compensating for the retrospective bias of existing anthologies and translations still to come. It is my conviction that there is no faltering or extenuation of the total force of Neruda's worth as a poet in every poem chosen for inclusion here. These are poems which, apart from the seductions of an exigent contemporaneity or a partisan elevation of those allegiances (*"mis deberes"*) to which Neruda, as the conscience of a continent, was always accessible, epitomize his craft and dominate our century. The specific gravity of distinction is central to them all; and that center alters the total experience of man's "residence on earth." If, in Neruda's own disturbing imagery, the result is a *"fin de fiesta"* ("party's end") as well as a *"fin de mundo"* ("world's end"), the fiesta is sufficiently apparent in the accomplishment to warrant the festive designation of a "birthday book" after all.

—BEN BELITT

Bennington College
Bennington, Vermont

Toward An Impure Poetry
by Pablo Neruda

It is good, at certain hours of the day and night, to look closely at the world of objects at rest. Wheels that have crossed long, dusty distances with their mineral and vegetable burdens, sacks from the coal bins, barrels, and baskets, handles and hafts for the carpenter's tool chest. From them flow the contacts of man with the earth, like a text for all troubled lyricists. The used surfaces of things, the wear that the hands give to things, the air, tragic at times, pathetic at others, of such things—all lend a curious attractiveness to the reality of the world that should not be underprized.

In them one sees the confused impurity of the human condition, the massing of things, the use and disuse of substances, footprints and fingerprints, the abiding presence of the human engulfing all artifacts, inside and out.

Let that be the poetry we search for: worn with the hand's obligations, as by acids, steeped in sweat and in smoke, smelling of lilies and urine, spattered diversely by the trades that we live by, inside the law or beyond it.

A poetry impure as the clothing we wear, or our bodies, soup-stained, soiled with our shameful behavior, our wrinkles and vigils and dreams, observations and prophecies, declarations of loathing and love, idylls and beasts, the shocks of encounter, political loyalties, denials and doubts, affirmations and taxes.

The holy canons of madrigal, the mandates of touch, smell, taste, sight, hearing, the passion for justice, sexual desire, the sea sounding—willfully rejecting and accepting nothing: the deep penetration of things in the transports of love, a consummate poetry soiled by the pigeon's claw, ice-marked and tooth-marked, bitten delicately with our sweatdrops and usage, perhaps. Till the instrument so restlessly played yields us the comfort of its surfaces, and the woods show the knottiest suavities shaped by the pride of the tool. Blossom and water and wheat kernel share one precious consistency: the sumptuous appeal of the tactile.

Let no one forget them. Melancholy, old mawkishness impure and unflawed, fruits of a fabulous species lost to the memory, cast away in a frenzy's abandonment—moonlight, the swan in the gathering darkness, all hackneyed endearments: surely that is the poet's concern, essential and absolute.

Those who shun the "bad taste" of things will fall flat on the ice.

Residencia en la tierra / Residence on Earth
Series I, II, III
(1925-1945)

CABALLO DE LOS SUEÑOS

Innecesario, viéndome en los espejos,
con un gusto a semanas, a biógrafos, a papeles,
arranco de mi corazón al capitán del infierno,
establezco cláusulas indefinidamente tristes.

Vago de un punto a otro, absorbo ilusiones,
converso con los sastres en sus nidos:
ellos, a menudo, con voz fatal y fría
cantan y hacen huir los maleficios.

Hay un país extenso en el cielo
con las supersticiosas alfombras del arco-iris
y con vegetaciones vesperales:
hacia allí me dirijo, no sin cierta fatiga,
pisando una tierra removida de sepulcros un tanto frescos,
yo sueño entre esas plantas de legumbre confusa.

Paso entre documentos disfrutados, entre orígenes,
vestido como un ser original y abatido:
amo la miel gastada del respeto,
el dulce catecismo entre cuyas hojas
duermen violetas envejecidas, desvanecidas,
y las escobas, conmovedoras de auxilio:
en su apariencia hay, sin duda, pesadumbre y certeza.
Yo destruyo la rosa que silba y la ansiedad raptora:
yo rompo extremos queridos: y aun más,
aguardo el tiempo uniforme, sin medida:
un sabor que tengo en el alma me deprime.

Qué día ha sobrevenido! Qué espesa luz de leche,
compacta, digital, me favorece!
He oído relinchar su rojo caballo
desnudo sin herraduras y radiante.

DREAM HORSE

Needlessly, watching my looking-glass image,
with its passion for papers and cinemas, days of the week,
I pluck from my heart my hell's captain
and order the clauses, equivocally sad.

I drift between this point and that, absorbing illusions.
converse in the nests of the tailors;
sometimes the voices are glacial and deadly—
they sing, and the sorcery goes.

There's a country spread out in the sky,
a credulous carpet of rainbows
and crepuscular plants:
I move toward it just a bit haggardly,
trampling a gravedigger's rubble still moist from the spade
to dream in a bedlam of vegetables.

I walk between origins, beneficent documents,
chopfallen, dressed like a natural: I want
the loose honey of deference,
the sweets of the catechist under whose leaves
drained violets drowse and grow old;
and those bustling abettors, the brooms, in whose image,
assuredly, sorrow and certainty join.
I plunder the whistle of roses, the carking anxiety:
I smash the attractive extremes—worst of all,
I await a symmetrical time beyond measure:
the taste of my spirit disheartens me.

What a morning is here! What a milk-heavy glow
in the air, integral, all of a piece,
intending some good! I have heard its red horses,
naked to bridle and iron, shimmering, whinnying there.

Atravieso con él sobre las iglesias,
galopo los cuarteles desiertos de soldados
y un ejército impuro me persigue.
Sus ojos de eucaliptus roban sombra,
su cuerpo de campana galopa y golpea.

Yo necesito un relámpago de fulgor persistente,
un deudo festival que asuma mis herencias.

Mounted, I soar over churches,
gallop the garrisons empty of soldiers
while a dissolute army pursues me.
Eucalyptus, its eyes raze the darkness
and the bell of its galloping body strikes home.

I need but a spark of that perduring brightness,
my jubilant kindred to claim my inheritance.

SABOR

De falsas astrologías, de costumbres un tanto lúgubres,
vertidas en lo inacabable y siempre llevadas al lado,
he conservado una tendencia, un sabor solitario.

De conversaciones gastadas como usadas maderas,
con humildad de sillas, con palabras ocupadas
en servir como esclavos de voluntad secundaria,
teniendo esa consistencia de la leche, de las semanas muertas,
del aire encadenado sobre las ciudades.

Quién puede jactarse de paciencia más sólida?
La cordura me envuelve de piel compacta
de un color reunido como una culebra:
mis criaturas nacen de un largo rechazo:
ay, con un solo alcohol puedo despedir este día
que he elegido, igual entre los días terrestres.

Vivo lleno de una substancia de color común, silenciosa
como una vieja madre, una paciencia fija
como sombra de iglesia o reposo de huesos.
Voy lleno de esas aguas dispuestas profundamente,
preparadas, durmiéndose en una atención triste.

En mi interior de guitarra hay un aire viejo,
seco y sonoro, permanecido, inmóvil,
como una nutrición fiel, como humo:
un elemento en descanso, un aceite vivo:
un pájaro de rigor cuida mi cabeza:
un ángel invariable vive en mi espada.

SAVOR

From counterfeit stargazers, somewhat maudlin proprieties,
from the flotsam of usage borne in on us always, close at hand,
inconclusive, I have cherished an impulse, a taste of my loneliness.

From table-talk flimsy as scrapwood,
with a chair's self-effacement and a language that labors
to wait on a substitute will, like a lackey,
milky in stamina, with last week's consistency,
stagnating in air, like smog on a city.

Who can boast a more tangible patience?
I am swathed in discretion, packed in like a hide
with a color that gathers itself to itself like a serpent.
All my creatures are born in a massive recoil;
one helping of alcohol—alas!—and I wave off the day
that I chose for myself, like all of the days of my world.

I live in the fullness of matter; my color is general;
mute as a matriarch, my forbearance is fixed
like a church and its shadow, or the quiet of bones.
I brim with the deep disposition of waters
primed and expectant, asleep in a lachrymose vigil.

The inner guitar that is I, keeps the catch of a ballad,
spare and sonorous, abiding, immobile,
like a punctual nutriment, like smoke in the air:
force in repose, the volatile power in the oil:
an incorruptible bird keeps watch on my head:
an unvarying angel inhabits my sword.

ARTE POÉTICA

Entre sombra y espacio, entre guarniciones y doncellas,
dotado de corazón singular y sueños funestos,
precipitadamente pálido, marchito en la frente
y con luto de viudo furioso por cada día de vida,
ay, para cada agua invisible que bebo soñolientamente
y de todo sonido que acojo temblando,
tengo la misma sed ausente y la misma fiebre fría,
un oído que nace, una angustia indirecta,
como si llegaran ladrones o fantasmas,
y en una cáscara de extensión fija y profunda,
como un camarero humillado, como una campana un poco ronca,
como un espejo viejo, como un olor de casa sola
en la que los huéspedes entran de noche perdidamente ebrios,
y hay un olor de ropa tirada al suelo, y una ausencia de flores,
—posiblemente de otro modo aún menos melancólico—,
pero, la verdad, de pronto, el viento que azota mi pecho,
las noches de substancia infinita caídas en mi dormitorio,
el ruido de un día que arde con sacrificio
me piden lo profético que hay en mí, con melancolía,
y un golpe de objetos que llaman sin ser respondidos
hay, y un movimiento sin tregua, y un nombre confuso.

ARS POETICA

Between dark and the void, between virgins and garrisons,
with my singular heart and my mournful conceits
for my portion, my forehead despoiled, overtaken by pallors,
a grief-maddened widow bereft of a lifetime;
for every invisible drop that I taste in a stupor, alas,
for each intonation I concentrate, shuddering,
I keep the identical thirst of an absence, the identical chill
of a fever; sounds, coming to be; a devious anguish
as of thieves and chimeras approaching;
so, in the shell of extension, profound and unaltering,
demeaned as a waiter, like a bell sounding hoarsely,
like a tarnishing mirror, or the smell of a house's abandonment
where the guests stagger homeward, blind drunk, in the night,
and the reek of their clothes rises out of the floor, an absence of
    flowers—
could it be differently put, a little less ruefully, possibly?—
All the truth blurted out: wind strikes at my breast like a blow,
the ineffable body of night, fallen into my bedroom,
the roar of a morning ablaze with some sacrifice,
that begs my prophetical utterance, mournfully;
an impact of objects that call and encounter no answer,
unrest without respite, an anomalous name.

ENTIERRO EN EL ESTE

Yo trabajo de noche, rodeado de ciudad,
de pescadores, de alfareros, de difuntos quemados
con azafrán y frutas, envueltos en muselina escarlata:
bajo mi balcón esos muertos terribles
pasan sonando cadenas y flautas de cobre,
estridentes y finas y lúgubres silban
entre el color de las pesadas flores envenenadas
y el grito de los cenicientos danzarines
y el creciente monótono de los tamtam
y el humo de las maderas que arden y huelen.

Porque una vez doblado el camino, junto al turbio río,
sus corazones, detenidos o iniciando un mayor movimiento,
rodarán quemados, con la pierna y el pie hechos fuego,
y la trémula ceniza caerá sobre el agua,
flotará como ramo de flores calcinadas
o como extinto fuego dejado por tan poderosos viajeros
que hicieron arder algo sobre las negras aguas, y devoraron
un aliento desaparecido y un licor extremo.

BURIAL IN THE EAST

I work nights, in the ring of the city,
among fishermen, potters, cadavers, cremations
of saffron and fruits shrouded into red muslin.
Under my balcony pass the terrible dead
sounding their coppery flutes and their chains,
strident and mournful and delicate—they hiss
through the color of poisoned and ponderous flowers,
through the cries of the smoldering dancers,
the tom-tom's augmented monotony,
in the crackle and fume of the woodsmoke.

One turn in the road, by the ooze of the river,
and their hearts, clogging up or preparing some monstrous exer-
    tion,
will whirl away burning, their legs and their feet incandescent;
the tremulous ash will descend on the water
and float like a branching of carbonized flowers—
a bonfire put out by the might of some wayfarer
who lighted the black of the water and devoured some part
of a vanished subsistence, an ultimate liquor.

Los jóvenes homosexuales y las muchachas amorosas,
y las largas viudas que sufren el delirante insomnio,
y las jóvenes señoras preñadas hace treinta horas,
y los roncos gatos que cruzan mi jardín en tinieblas,
como un collar de palpitantes ostras sexuales
rodean mi residencia solitaria,
como enemigos establecidos contra mi alma,
como conspiradores en traje de dormitorio
que cambiaran largos besos espesos por consigna.

El radiante verano conduce a los enamorados
en uniformes regimientos melancólicos,
hechos de gordas y flacas y alegres y tristes parejas:
bajo los elegantes cocoteros, junto al océano y la luna,
hay una continua vida de pantalones y polleras,
un rumor de medias de seda acariciadas,
y senos femeninos que brillan como ojos.

El pequeño empleado, después de mucho,
después del tedio semanal, y las novelas leídas de noche en cama,
ha definitivamente seducido a su vecina,
y la lleva a los miserables cinematógrafos
donde los héroes son potros o príncipes apasionados,
y acaricia sus piernas llenas de dulce vello
con sus ardientes y húmedas manos que huelen a cigarrillo.

Los atardeceres del seductor y las noches de los esposos
se unen como dos sábanas sepultándome,
y las horas después del almuerzo en que los jóvenes estudiantes
y las jóvenes estudiantes, y los sacerdotes se masturban,
y los animales fornican directamente,
y las abejas huelen a sangre, y las moscas zumban coléricas,

GENTLEMAN ALONE

The young homosexuals and languishing girls,
the tall widows frantic with sleeplessness,
the matrons still tender in years, now thirty hours pregnant,
the gravel-voiced tomcats that cross in the night of my garden
like a necklace of sexual oysters, atremble,
encircle my lonely environs—
antagonists stalking my soul,
schemers in nightgowns,
exchanging long kisses, packed in like a countersign.

The luminous summer leads on: formations
of lovers identically sad,
deploying in twos: the lean with the plump, the merry and
    mournful:
under elegant coconut palms, near the moon and the ocean,
the bustle of trousers and skirts is unending,
a sound of silk hosiery fondled,
and the feminine nipple blazing out like an eye.

At long last, the petty employee, delivered from weekly
routine, after bedding himself for the night with a novel,
seduces his neighbor conclusively.
They go on to a villainous movie
where all the heroes are horses or passionate princes,
and he dandles a fleecy pubescence of legs
with his sweltering fingers still rank with tobacco.

All the twilight seducers, the nights of the wedded,
close over like bed sheets and bury me:
all those hours after luncheon, when the green undergraduate,
the boys and the girls, and the ministers, masturbate,
and the beasts couple openly;
when the bee sniffs a blood-smell, the choleric fly

y los primos juegan extrañamente con sus primas,
y los médicos miran con furia al marido de la joven paciente,
y las horas de la mañana en que el profesor, como por descuido,
cumple con su deber conyugal y desayuna,
y más aún, los adúlteros, que se aman con verdadero amor
sobre lechos altos y largos como embarcaciones:
seguramente, eternamente me rodea
este gran bosque respiratorio y enredado
con grandes flores como bocas y dentaduras
y negras raíces en forma de uñas y zapatos.

buzzes, the cousin plays games with his girl-cousin
queerly; when the doctor keeps furious watch on the mate of the
    lady
malingerer; the matutinal hour when the schoolteacher
absentmindedly renders his conjugal due and sits down to his
    breakfast;
above all, the adulterers making love with unfalsified
ardor, on bedsteads like boats, high and trim on the waters:
so, tautly, eternally,
that big, breathing forest encircles me
with its raddle of towering blossoms, like mouths with their teeth:
it is black at the root; it is shaped like a shoe and a fingernail.

RITUAL DE MIS PIERNAS

Largamente he permanecido mirando mis largas piernas,
con ternura infinita y curiosa, con mi acostumbrada pasión,
como si hubieran sido las piernas de una mujer divina
profundamente sumida en el abismo de mi tórax:
y es que, la verdad, cuando el tiempo, el tiempo pasa,
sobre la tierra, sobre el techo, sobre mi impura cabeza,
y pasa, el tiempo pasa, y en mi lecho no siento de noche
    que una mujer está respirando, durmiendo desnuda y
      a mi lado,
entonces, extrañas, oscuras cosas toman el lugar de la ausente,
viciosos, melancólicos pensamientos
siembran pesadas posibilidades en mi dormitorio,
y así, pues, miro mis piernas como si pertenecieran a otro cuerpo,
y fuerte y dulcemente estuvieran pegadas a mis entrañas.

Como tallos o femeninas, adorables cosas,
desde las rodillas suben, cilíndricas y espesas,
con turbado y compacto material de existencia:
como brutales, gruesos brazos de diosa,
como árboles monstruosamente vestidos de seres humanos,
como fatales, inmensos labios sedientos y tranquilos,
son allí la mejor parte de mi cuerpo:
lo enteramente substancial, sin complicado contenido
de sentidos o tráqueas o intestinos o ganglios:
nada, sino lo puro, lo dulce y espeso de mi propia vida,
nada, sino la forma y el volumen existiendo,
guardando la vida, sin embargo, de una manera completa.

Las gentes cruzan el mundo en la actualidad
sin apenas recordar que poseen un cuerpo y en él la vida,
y hay miedo, hay miedo en el mundo de las palabras que designan
    el cuerpo,

RITUAL OF MY LEGS

For a long while I've pondered them now—these big legs of mine:
with infinite tenderness, curious, with my usual passion—
as if they belonged to a stranger, some miraculous beauty
planted deep in the well of my thorax.
The truth of it is, as time passes and passes,
passes over the earth and the roof and my dissolute head, time
passing and passing, at length, in my bed, it seems something
    more than a woman is breathing, sleeping nude at my side.
Things odd and occult change place with an absent illusion;
thoughts morbid or mournful
that scatter the weight of the possible over my bedroom like
    pollen:
and it happens I stare at my legs as if they were joined to some
    bulk never really my own,
trimly and powerfully thrust in my entrails, with a blow.

Like stalks, like some winsome and feminine thing,
they climb from my knees, compact and cylindrical,
tight with the turbulent stuff of my life:
brutish and lubberly, like the arms of a goddess,
like trees monstrously clad in the guise of the human,
like vast and malevolent lips, athirst and immobile,
all the heft of my body waits there:
the sum of the substantive, bald, with no burden of recondite
    meanings,
no trachea, ganglia, viscera—
all that is purest and sweetest and gross in my singular being:
nothing but volume and form, in extension,
keeping watch on my life, none the less, with a perfect solicitude.

Others travel the tangible world
with no thought for their bodies, barely aware of its vigors:
fear walks the world of the words which pertain to our bodies—
    there is fear—

y se habla favorablemente de la ropa,
de pantalones es posible hablar, de trajes,
y de ropa interior de mujer (de medias y ligas de "señora"),
como si por las calles fueran las prendas y los trajes vacíos
    por completo
y un oscuro y obsceno guardarropas ocupara el mundo.

Tienen existencia los trajes, color, forma, designio,
y profundo lugar en nuestros mitos, demasiado lugar,
demasiados muebles y demasiadas habitaciones hay en el mundo,
y mi cuerpo vive entre y bajo tantas cosas abatido,
con un pensamiento fijo de esclavitud y de cadenas.

Bueno, mis rodillas, como nudos,
particulares, funcionarios, evidentes,
separan las mitades de mis piernas en forma seca:
y en realidad dos mundos diferentes, dos sexos diferentes
no son tan diferentes como las dos mitades de mis piernas.

Desde la rodilla hasta el pie una forma dura,
mineral, fríamente útil, aparece,
una criatura de hueso y persistencia,
y los tobillos no son ya sino el propósito desnudo,
la exactitud y lo necesario dispuestos en definitiva.

Sin sensualidad, cortas y duras, y masculinas,
son allí mis piernas, y dotadas
de grupos musculares como animales complementarios,
y allí también una vida, una sólida, sutil, aguda vida
sin temblar permanece, aguardando y actuando.

as we chatter and sanction our clothing
and speak about trousers and suits with abandon,
or of lingerie ("ladies' " garters and hosiery)
as if business suits, utterly emptied, walked abroad in the streets,
    haberdashery,
and the rest of the world were a clothespress, benighted and
    bestial.

Clothes have their existence: they have colors and patterns and
    forms,
and live deep—far too deep!—in our myths;
there is too much shelter and furniture loose in the world,
while the flesh lives defamed, in a welter of scurrilous things,
underneath, obsessed with its thralldom, in chains.

Take these knees of mine: manifest,
functional, private, like knots,
dividing the halves of my legs, in their crisp conformation:
two kingdoms distinct in themselves, two differing sexes,
are no less unlike than the halves of my legs.

Down from the knee to the foot—a tangible integer,
mineral, coolly available, appears
in a creaturely image of bones and persistence:
the ankles like pure resolution,
precise and essential, pursuing its will to the close.

And those legs, there, my masculine legs,
unsensual, bluff, and resilient; endowed
with their clustering muscles, complementary animals—
they, too, are a life, a substantial and delicate world,
alert and unfaltering, living watchful and strenuous there.

En mis pies cosquillosos,
y duros como el sol, y abiertos como flores,
y perpetuos, magníficos soldados
en la guerra gris del espacio,
todo termina, la vida termina definitivamente en mis pies,
lo extranjero y lo hostil allí comienza:
los nombres del mundo, lo fronterizo y lo remoto,
lo sustantivo y lo adjetivo que no caben en mi corazón
con densa y fría constancia allí se originan.

Siempre,
productos manufacturados, medias, zapatos,
o simplemente aire infinito.
Habrá entre mis pies y la tierra
extremando lo aislado y lo solitario de mi ser,
algo tenazmente supuesto entre mi vida y la tierra,
algo abiertamente invencible y enemigo.

So, to the ticklish extremes of my footsoles,
stanch as the sun, and expanded like flowers,
a troop in the wan wars of space, unflagging, resplendent—
all come to an end, all that is living concludes in my feet:
from there on, the hostile and alien begins:
all the names of the world, outposts and frontiers,
the noun and its adjective that my heart never summoned
compact with consistency, coolly, emerge.

Always
things, fabrications: stockings and shoes,
or simply the infinite air:
dividing my feet from the dust of the world,
compelling my solitude, compounding my exile:
between life and the earth that I tread, the assumption, unyield-
    ingly there,
the invincible power and the enemy agent, laid bare.

COLECCIÓN NOCTURNA

He vencido al ángel del sueño, el funesto alegórico:
su gestión insistía, su denso paso llega
envuelto en caracoles y cigarras,
marino, perfumado de frutos agudos.

Es el viento que agita los meses, el silbido de un tren,
el paso de la temperatura sobre el lecho,
un opaco sonido de sombra
que cae como trapo en lo interminable,
una repetición de distancias, un vino de color confundido,
un paso polvoriento de vacas bramando.

A veces su canasto negro cae en mi pecho,
sus sacos de dominio hieren mi hombro,
su multitud de sal, su ejército entreabierto
recorren y revuelven las cosas del cielo:
él galopa en la respiración y su paso es de beso:
su salitre seguro planta en los párpados
con vigor esencial y solemne propósito:
entra en lo preparado como un dueño:
su substancia sin ruido equipa de pronto,
su alimento profético propaga tenazmente.

Reconozco a menudo sus guerreros,
sus piezas corroídas por el aire, sus dimensiones,
y su necesidad de espacio es tan violenta
que baja hasta mi corazón a buscarlo:
él es el propietario de las mesetas inaccesibles,
él baila con personajes trágicos y cotidianos:
de noche rompe mi piel su ácido aéreo
y escucho en mi interior temblar su instrumento.

Yo oigo el sueño de viejos compañeros y mujeres amadas,
sueños cuyos latidos me quebrantan:

NOCTURNAL COLLECTION

I had vanquished that angel of sleep, allegorical
mourner; but his travail went on and his ponderous footfall
came closer, sheathed with snails and cicadas,
sea-born, and brackish, smelling of fruits.

Wind rattles the months, a train whistles,
fever paces the bedposts,
a hard intonation of darkness,
like a bottomless downfall of patches,
distance repeated, wine in a nondescript color,
the dusty approach and the bawling of cows.

Sometimes the black of his basket falls hard on my chest,
his conqueror's pack cuts my shoulder—
all his legions of brine, the armies deploying by halves
overturning the heavens, overtaking the things of the sky:
his breathing goes at a gallop, his step is a kiss:
his infallible salts bind the eye
with the might of their essences, his somber intent:
he enters his providence there like a master
soundlessly robed in his substances, suddenly whole;
he engenders prophetical foods, without quarter.

His campaigners have often been known to me,
with their weapons corroding in air, their immensity:
so savage their passion for space,
he has harried my heart's depths in search of it:
he rules the uncharted plateaus,
has danced with the doomed and the usual.
His aerial acids break into my flesh in the night
and I hear in my entrails his instrument stir.

I listen: for a dream of old playfellows, women beloved,
and am rent by the shock of my dreaming.

su material de alfombra piso en silencio,
su luz de amapola muerdo con delirio.
Cadáveres dormidos que a menudo
danzan asidos al peso de mi corazón,
qué ciudades opacas recorremos!

Mi pardo corcel de sombra se agiganta,
y sobre envejecidos tahures, sobre lenocinios de escaleras
    gastadas,
sobre lechos de niñas desnudas, entre jugadores de football,
del viento ceñidos pasamos:
y entonces caen a nuestra boca esos frutos blandos del cielo,
los pájaros, las campanas conventuales, los cometas:
aquel que se nutrió de geografía pura y estremecimiento,
ése tal vez nos vió pasar centelleando.

Camaradas cuyas cabezas reposan sobre barriles,
en un desmantelado buque prófugo, lejos,
amigos míos sin lágrimas, mujeres de rostro cruel:
la medianoche ha llegado y un gong de muerte
golpea en torno mío como el mar.
Hay en la boca el sabor, la sal del dormido.
Fiel como una condena, a cada cuerpo
la palidez del distrito letárgico acude:
una sonrisa fría, sumergida,
unos ojos cubiertos como fatigados boxeadores,
una respiración que sordamente devora fantasmas.

En esa humedad de nacimiento, con esa proporción tenebrosa,
cerrada como una bodega, el aire es criminal:
las paredes tienen un triste color de cocodrilo,
una contextura de araña siniestra:
se pisa en lo blando como sobre un monstruo muerto:
las uvas negras inmensas, repletas,
cuelgan de entre las ruinas como odres:

Speechless I tread on the pile of the carpets
or bite on the blaze of his poppy, transported.
O you slumbering dead who so often
have danced with me, caught to the weight of my heart,
toward what lusterless cities we journey!

My shadow-horse swarthily masses its bulk:
we pass over crumbling casinos, pimps on the ruining stair,
girls bedded down naked, football professionals
encircled by wind:
a velvety fruit falls into our mouths from the sky,
comets and birds and conventual bells:
only those who grow fat on geometry, perfect and tremulous,
it may be, saw us twinkle in passing.

Bully-boys with your heads on a barrel top,
in a castaway vessel, dismantled and distant,
friends who live dry-eyed, and flint-featured ladies:
it is midnight: all around me
death beats on a gong, like the sea.
An aftertaste stays in my mouth: the brine of the sleeper.
Certain as judgment, condemning us each in our bones,
the kingdoms of lethargy rise in their pallor:
a frozen smile drowning,
the eyes taking cover, like a boxer's exhaustion,
dumbly dispelling a ghost with our breathing.

So, with the damp of this birth pang, with this shadowy
    symmetry
like a wine cellar padlocked, the air, too, is criminal.
Sad crocodile colors the wall
and the sinister weft of the spider:
we tread over pulp like a carrion monster:
black grapes hang enormous, a bloating of juices,
clogging the ruins like wineskins.

oh Capitán, en nuestra hora de reparto
abre los mudos cerrojos y espérame:
allí debemos cenar vestidos de luto:
el enfermo de malaria guardará las puertas.
Mi corazón, es tarde y sin orillas,
el día, como un pobre mantel puesto a secar,
oscila rodeado de seres y extensión:
de cada ser viviente hay algo en la atmósfera:
mirando mucho el aire aparecerían mendigos,
abogados, bandidos, carteros, costureras,
y un poco de cada oficio, un resto humillado
quiere trabajar su parte en nuestro interior.
Yo busco desde antaño, yo examino sin arrogancia,
conquistado, sin duda, por lo vespertino.

Captain, whatever our reckoning
slip the mute latchets and wait for me there:
We must feast in our funeral clothing:
a malarial patient stands watch by the doors.
Love, it grows late, and the shorelines are lost.
A day like a tatter of tablecloth drying
flaps in a circle of lives and extension.
All things that live give some part of themselves to the air.
Intent upon atmosphere, keeping close watch, come the beggars,
the lawyers, the gangsters, the postmen, the sempstresses:
a little of every vocation, a humbled remainder
that works toward some destined completion with us.
I have looked for it long—vanquished, no doubt,
by the evenings—and go on with no arrogance.

Sucede que me canso de ser hombre.
Sucede que entro en las sastrerías y en los cines
marchito, impenetrable, como un cisne de fieltro
navegando en un agua de origen y ceniza.

El olor de las peluquerías me hace llorar a gritos.
Sólo quiero un descanso de piedras o de lana,
sólo quiero no ver establecimientos ni jardines,
ni mercaderías, ni anteojos, ni ascensores.

Sucede que me canso de mis pies y mis uñas
y mi pelo y mi sombra.
Sucede que me canso de ser hombre.

Sin embargo sería delicioso
asustar a un notario con un lirio cortado
o dar muerte a una monja con un golpe de oreja.
Sería bello
ir por las calles con un cuchillo verde
y dando gritos hasta morir de frío.

No quiero seguir siendo raíz en las tinieblas,
vacilante, extendido, tiritando de sueño,
hacia abajo, en las tripas mojadas de la tierra,
absorbiendo y pensando, comiendo cada día.

No quiero para mí tantas desgracias.
No quiero continuar de raíz y de tumba,
de subterráneo solo, de bodega con muertos,
aterido, muriéndome de pena.

Por eso el día lunes arde como el petróleo
cuando me ve llegar con mi cara de cárcel,

WALKING AROUND

It so happens I'm tired of just being a man.
I go to a movie, drop in at the tailor's—it so happens—
feeling wizened and numbed, like a big, wooly swan,
awash on an ocean of clinkers and causes.

A whiff from a barbershop does it: I yell bloody murder.
All I ask is a little vacation from things: from boulders and
    woolens,
from gardens, institutional projects, merchandise,
eyeglasses, elevators—I'd rather not look at them.

It so happens I'm fed—with my feet and my fingernails
and my hair and my shadow.
Being a man leaves me cold: that's how it is.

Still—it would be lovely
to wave a cut lily and panic a notary,
or finish a nun with a jab to the ear.
It would be nice
just to walk down the street with a green switchblade handy,
whooping it up till I die of the shivers.

I won't live like this—like a root in a shadow,
wide-open and wondering, teeth chattering sleepily,
going down to the dripping entrails of the universe
absorbing things, taking things in, eating three squares a day.

I've had all I'll take from catastrophe.
I won't have it this way, muddling through like a root or a grave,
all alone underground, in a morgue of cadavers,
cold as a stiff, dying of misery.

That's why Monday flares up like an oil-slick,
when it sees me up close, with the face of a jailbird,

y aúlla en su transcurso como una rueda herida,
y da pasos de sangre caliente hacia la noche.

Y me empuja a ciertos rincones, a ciertas casas húmedas,
a hospitales donde los huesos salen por la ventana,
a ciertas zapaterías con olor a vinagre,
a calles espantosas como grietas.

Hay pájaros de color de azufre y horribles intestinos
colgando de las puertas de las casas que odio,
hay dentaduras olvidadas en una cafetera,
hay espejos
que debieran haber llorado de vergüenza y espanto,
hay paraguas en todas partes, y venenos, y ombligos.

Yo paseo con calma, con ojos, con zapatos,
con furia, con olvido,
paso, cruzo oficinas y tiendas de ortopedia,
y patios donde hay ropas colgadas de un alambre:
calzoncillos, toallas y camisas que lloran
lentas lágrimas sucias.

or squeaks like a broken-down wheel as it goes,
stepping hot-blooded into the night.

Something shoves me toward certain damp houses, into certain
    dark corners,
into hospitals, with bones flying out of the windows;
into shoe stores smelling of vinegar,
streets frightful as fissures laid open.

There, trussed to the doors of the houses I loathe
are the sulphurous birds, in a horror of tripes,
dental plates lost in a coffeepot,
mirrors
that must surely have wept with the nightmare and shame of it all;
and everywhere, poisons, umbrellas, and belly buttons.

I stroll and keep cool, in my eyes and my shoes
and my rage and oblivion.
I go on, crossing offices, retail orthopedics,
courtyards with laundry hung out on a wire:
the blouses and towels and the drawers newly washed,
slowly dribbling a slovenly tear.

Oh niña entre las rosas, oh presión de palomas,
oh presidio de peces y rosales,
tu alma es una botella llena de sal sedienta
y una campana llena de uvas es tu piel.

Por desgracia no tengo para darte sino uñas
o pestañas, o pianos derretidos,
o sueños que salen de mi corazón a borbotones,
polvorientos sueños que corren como jinetes negros,
sueños llenos de velocidades y desgracias.

Sólo puedo quererte con besos y amapolas,
con guirnaldas mojadas por la lluvia,
mirando cenicientos caballos y perros amarillos.

Sólo puedo quererte con olas a la espalda,
entre vagos golpes de azufre y aguas ensimismadas,
nadando en contra de los cementerios que corren en
   ciertos ríos
con pasto mojado creciendo sobre las tristes tumbas de yeso,
nadando a través de corazones sumergidos
y pálidas planillas de niños insepultos.
Hay mucha muerte, muchos acontecimientos funerarios
en mis desamparadas pasiones y desolados besos,
hay el agua que cae en mi cabeza,
mientras crece mi pelo,
un agua como el tiempo, un agua negra desencadenada,
con una voz nocturna, con un grito
de pájaro en la lluvia, con una interminable
sombra de ala mojada que protege mis huesos:
mientras me visto, mientras
interminablemente me miro en los espejos y en los vidrios,

ODE WITH A LAMENT

O girl among the roses, pressure of doves,
O fortress of fishes and rosebushes,
your soul is a flask of dried salts
and your skin is a bell full of grapes.

I come with no presents, unluckily—only
fingernails, eyelashes, melted pianos,
with dreams bubbling out of my breast,
powdery dreams like a flight of black horsemen,
dreams full of haste and calamity.

Only with kisses and poppies can I love you,
with rain-sodden wreaths,
as I brood on the ash of the horse and the yellow of dogs.

Only with waves at my back can I love you:
in the dubious clashing of sulphur and preoccupied water
I swim up the current, past the graveyards afloat on those rivers,
watery pastures that feed on the lachrymose chalk of the tombs;
I countercross hearts under water,
wan birth dates of children bereft of their burials.
So much dying, such an endless necrology
in my destitute passions, my desolate kisses!
The waters are loosed on my head
while my forelock grows longer—
water like time breaking free of itself, black water
like a voice in the night, like the screaming
of birds in the rain, an interminable
darkness of wings wetted down, keeping watch on my bones
while I dress, while
I endlessly study my image in mirror and window glass

oigo que alguien me sigue llamándome a sollozos
con una triste voz podrida por el tiempo.

Tú estás de pie sobre la tierra, llena
de dientes y relámpagos.
Tú propagas los besos y matas las hormigas.
Tú lloras de salud, de cebolla, de abeja,
de abecedario ardiendo.
Tú eres como una espada azul y verde
y ondulas al tocarte, como un río.

Ven a mi alma vestida de blanco, con un ramo
de ensangrentadas rosas y copas de cenizas,
ven con una manzana y un caballo,
porque allí hay una sala oscura y un candelabro roto,
unas sillas torcidas que esperan el invierno,
y una paloma muerta, con un número.

and hear the pursuers still sobbing and calling my name
in a woebegone voice fouled with time.

You stand tall on your feet above ground, full
of teeth and the lightning.
You propagate kisses and deal death to the ant.
You moan with well-being, with the bee and the onion,
you catch fire from your primer.
You are all green and blue, like a sword blade,
and you weave to my touch, like a river.

Come into my soul, dressed in white, like a branch
of blood-roses, like a chalice of ashes.
Come close with a horse and an apple:
there the sitting room waits in the dark, with a smashed
    candelabrum,
till it be winter; a few twisted chairs
and a dead dove with a band and a number.

ALBERTO ROJAS JIMÉNEZ
VIENE VOLANDO

Entre plumas que asustan, entre noches,
entre magnolias, entre telegramas,
entre el viento del Sur y el Oeste marino,
     vienes volando.

Bajo las tumbas, bajo las cenizas,
bajo los caracoles congelados,
bajo las últimas aguas terrestres,
     vienes volando.

Más abajo, entre niñas sumergidas,
y plantas ciegas, y pescados rotos,
más abajo, entre nubes otra vez,
     vienes volando.

Más allá de la sangre y de los huesos,
más allá del pan, más allá del vino,
más allá del fuego,
     vienes volando.

Más allá del vinagre y de la muerte,
entre putrefacciones y violetas,
con tu celeste voz y tus zapatos húmedos,
     vienes volando.

Sobre diputaciones y farmacias,
y ruedas, y abogados, y navíos,
y dientes rojos recién arrancados,
     vienes volando.

ALBERTO ROJAS JIMÉNEZ*
COMES FLYING

Between terrified feathers, between nights
and magnolias and telegrams,
between southerly winds and winds from the sea blowing West,
        you come flying.

Under grave-plots and ashes,
under the ice on the snail,
under the remotest terrestrial waters,
        you come flying.

Deeper still, between girls under fathoms of water,
blind plants and a litter of fish heads,
deeper, still deeper, among clouds once again
        you come flying.

Further than blood or than bones,
further than bread; beyond wines,
conflagrations,
        you come flying.

Beyond vinegar's sting and mortality,
between canker and violets,
in your heavenly voice, with the wet on your shoes,
        you come flying

Over drugstores, committees,
over lawyers and navies, wheels
and the reddened extraction of teeth,
        you come flying.

---

* Poet, contemporary and friend of Neruda during their school years in Santiago; he met his death by drowning.

Sobre ciudades de tejado hundido
en que grandes mujeres se destrenzan
con anchas manos y peines perdidos,
        vienes volando.

Junto a bodegas donde el vino crece
con tibias manos turbias, en silencio,
con lentas manos de madera roja,
        vienes volando.

Entre aviadores desaparecidos,
al lado de canales y de sombras,
al lado de azucenas enterradas,
        vienes volando.

Entre botellas de color amargo,
entre anillos de anís y desventura,
levantando las manos y llorando,
        vienes volando.

Sobre dentistas y congregaciones,
sobre cines, y túneles y orejas,
con traje nuevo y ojos extinguidos,
        vienes volando.

Sobre tu cementerio sin paredes
donde los marineros se extravían,
mientras la lluvia de tu muerte cae,
        vienes volando.

Mientras la lluvia de tus dedos cae,
mientras la lluvia de tus huesos cae,
mientras tu médula y tu risa caen,
        vienes volando.

Over cities with roofs under water
where notable ladies uncouple the braids of their hair
with lost combs in the span of their hands
        you come flying.

Close to the ripening wine in the cellars,
with hands tepid and turbid, quiet,
with gradual, wooden, red hands
        you come flying.

Among vanishing airmen
by the banks of canals and the shadows,
beside lilies now buried,
        you come flying.

Among bitter-hued bottles,
rings of anise and accidents,
lamenting and lifting your hands,
        you come flying.

Over dentists and parishes,
cinemas, tunnels, and ears,
in your newly bought suit, with your eyeballs effaced,
        you come flying.

Over that graveyard unmarked by a wall,
where even the mariner founders,
while the rains of your death fall,
        you come flying.

While the rain of your fingertips falls,
while the rain of your bones falls,
and your laughter and marrow fall down,
        you come flying.

Sobre las piedras en que te derrites,
corriendo, invierno abajo, tiempo abajo,
mientras tu corazón desciende en gotas,
vienes volando.

No estás allí, rodeado de cemento,
y negros corazones de notarios,
y enfurecidos huesos de jinetes:
vienes volando.

Oh amapola marina, oh deudo mío,
oh guitarrero vestido de abejas,
no es verdad tanta sombra en tus cabellos:
vienes volando.

No es verdad tanta sombra persiguiéndote,
no es verdad tantas golondrinas muertas,
tanta región oscura con lamentos:
vienes volando.

El viento negro de Valparaíso
abre sus alas de carbón y espuma
para barrer el cielo donde pasas:
vienes volando.

Hay vapores, y un frío de mar muerto,
y silbatos, y meses, y un olor
de mañana lloviendo y peces sucios:
vienes volando.

Hay ron, tú y yo, y mi alma donde lloro,
y nadie, y nada, sino una escalera
de peldaños quebrados, y un paraguas:
vienes volando.

Over the flint into which you dissolve,
flowing fast under time, under winter,
while your heart falls in droplets,
              you come flying.

You are no longer there in that ring of cement,
hemmed in by the black-hearted notaries
or the horseman's maniacal bones:
              you come flying.

Oh, sea-poppy, my kinsman,
bee-clothed guitarist,
all the shadows that blacken your hair are a lie:
              you come flying.

All the shades that pursue you, a lie;
all the death-stricken swallows, a lie;
all the darkening zone of lament:
              you come flying.

A black wind from Valparaíso
spreads the charcoal and foam of its wings
sweeping away the sky where you pass:
              you come flying.

There are mists and the chill of dead water,
and whistles and months and the smell
of the rain in the morning and the swill of the fishes:
              you come flying.

There's rum, too, between us, you and I and the soul that I mourn
    in,
and nobody, nothing at all but a staircase
with all the treads broken, and a single umbrella:
              you come flying.

Allí está el mar. Bajo de noche y te oigo
venir volando bajo el mar sin nadie,
bajo el mar que me habita, oscurecido:
      vienes volando.

Oigo tus alas y tu lento vuelo,
y el agua de los muertos me golpea
como palomas ciegas y mojadas:
      vienes volando.

Vienes volando, solo, solitario,
solo entre muertos, para siempre solo,
vienes volando sin sombra y sin nombre,
sin azúcar, sin boca, sin rosales,
      vienes volando.

And always the sea, there. I go down in the night and I hear you
come flying, under water, alone,
under the sea that inhabits me, darkly:
        you come flying.

I listen for wings and your slow elevation,
while the torrents of all who have perished assail me,
blind doves flying sodden:
        you come flying.

You come flying, alone, in your solitude,
alone with the dead, alone in eternity,
shadowless, nameless, you come flying
without sweets, or a mouth, or a thicket of roses,
        you come flying.

NO HAY OLVIDO: SONATA

Si me preguntáis en dónde he estado
debo decir "Sucede".
Debo de hablar del suelo que oscurecen las piedras,
del río que durando se destruye:
no sé sino las cosas que los pájaros pierden,
el mar dejado atrás, o mi hermana llorando.
Por qué tantas regiones, por qué un día
se junta con un día? Por qué una negra noche
se acumula en la boca? Por qué muertos?

Si me preguntáis de dónde vengo, tengo que conversar con cosas
   rotas,
con utensilios demasiado amargos,
con grandes bestias a menudo podridas
y con mi acongojado corazón.

No son recuerdos los que se han cruzado
ni es la paloma amarillenta que duerme en el olvido,
sino caras con lágrimas,
dedos en la garganta,
y lo que se desploma de las hojas:
la oscuridad de un día transcurrido,
de un día alimentado con nuestra triste sangre.

He aquí violetas, golondrinas,
todo cuanto nos gusta y aparece
en las dulces tarjetas de larga cola
por donde se pasean el tiempo y la dulzura.

Pero no penetremos más allá de esos dientes,
no mordamos las cáscaras que el silencio acumula,
porque no sé qué contestar:
hay tantos muertos,
y tantos malecones que el sol rojo partía

THERE'S NO FORGETTING: SONATA

Ask me where have I been
and I'll tell you: "Things keep on happening."
I must talk of the rubble that darkens the clay;
of the river's duration, destroying itself;
I know only the things that the birds have abandoned,
or the ocean behind me, or my sorrowing sister.
Why the distinctions of place? Why should day
follow day? Why must the blackness
of nighttime collect in our mouths? Why the dead?

If you question me: where have you come from, I must talk with
    things falling away,
artifacts tart to the taste,
great beasts, always rotting away,
and my own inconsolable heart.

Those who cross over with us, are no keepsakes,
nor the yellowing pigeon that sleeps in forgetfulness:
only the face with its tears,
the hands at our throats,
whatever the leafage dissevers:
the dark of an obsolete day,
a day that has tasted the grief in our blood.

Here are violets, swallows—
all things that delight us, the delicate tablets
that show us the lengthening train
through which pleasure and transiency pass.

Here let us halt, in the teeth of a barrier:
useless to gnaw on the husks that the silence assembles.
For I come without answers:
see: the dying are legion,
legion, the breakwaters breached by the red of the sun,

y tantas cabezas que golpean los buques,
y tantas manos que han encerrado besos,
y tantas cosas que quiero olvidar.

all the heads knocking the ship's side,
the hands closing over their kisses,
and legion the things I would give to oblivion.

LAS FURIAS Y LAS PENAS

. . . Hay en mi corazón furias y penas . . .
—Quevedo

Tú mi enemiga de tanto sueño roto de la misma manera
que erizadas plantas de vidrio, lo mismo que campanas
deshechas de manera amenazante, tanto como disparos
de hiedra negra en medio del perfume,
enemiga de grandes caderas que mi pelo han tocado
con un ronco rocío, con una lengua de agua,
no obstante el mudo frío de los dientes y el odio de los ojos,
y la batalla de agonizantes bestias que cuidan el olvido,
en algún sitio del verano estamos juntos
acechando con labios que la sed ha invadido. . . .

Recuerdo sólo un día
que tal vez nunca me fué destinado,
era un día incesante,
sin orígenes. Jueves.
Yo era un hombre transportado al acaso
con una mujer hallada vagamente,
nos desnudamos
como para morir o nadar o envejecer
y nos metimos uno dentro del otro,
ella rodeándome como un agujero,
yo quebrantándola como quien
golpea una campana,
pues ella era el sonido que me hería
y la cúpula dura decidida a temblar.

Era una sorda ciencia con cabello y cavernas
y machacando puntas de médula y dulzura
he rodado a las grandes coronas genitales
entre piedras y asuntos sometidos.

FROM: THE WOES AND THE FURIES

. . . In my heart are the woes and the furies . . .
—Quevedo

You, my antagonist, in that splintering dream
like the bristling glass of gardens, like a menace
of ruinous bells, volleys
of blackening ivy at the perfume's center,
enemy of the great hipbones that have touched my skin
with a harrowing dew, with a tongue of water—
whatever the mute winter of your teeth or the hate of your eyes,
whatever the warfare of perishing beasts who guard our oblivion,
in some dominion of the summer, we are one,
ambushed with lips, in a cannonade of thirst . . . .

A day never meant for me,
maybe, stays with my memory: one
whose beginning was nowhere
and endless. A Thursday.
I was that man whom hazard had joined
with a woman in uncertain encounter.
We stripped to the skin, as if
to prepare for a death or a swim, or grow old,
and forced ourselves into ourselves, one through the other.
She circled me there like a pitfall
while I stove through her flesh as a
man beats a bell;
yet she was the sound that broke open my body,
the obdurate cupola that willed its vibration.

A blind kind of science, full of caverns and hair;
I pounded the marrowy morsels and sugars
and ringed the great wreaths of her sex
between stones and surrenders.

Este es un cuento de puertos adonde
llega uno, al azar, y sube a las colinas,
suceden tantas cosas.

Así es la vida,
corre tú entre las hojas, un otoño
negro ha llegado,
corre vestida con una falda de hojas y un cinturón de metal
    amarillo,
mientras la neblina de la estación roe las piedras.
Corre con tus zapatos, con tus medias,
con el gris repartido, con el hueco del pie, y con esas manos que
    el tabaco salvaje adoraría,
golpea escaleras, derriba
el papel negro que protege las puertas,
y entra en medio del sol y la ira de un día de puñales
a echarte como paloma de luto y nieve sobre un cuerpo . . .

This is a tale of the seaports
where chance brings the traveler: he clambers a hillside
and such things come to pass.

Our whole lives were like that:
run into the leaves, a black
autumn descends,
run in your apron of leaves and a belt of gold metal
while the mist of the station house gnaws at the stones.
Fly in your stockings and shoes
through the graying divisions, on the void of your feet, with hands
   that the savage tobacco might hallow,
batter the stairs and demolish
the seals that defend all the doors with black paper;
enter the pith of the sun, the rage of a day full of daggers,
and hurl yourself into your grief like a dove, like snow on the
   dead . . .

Preguntaréis: Y dónde están las lilas?
Y la metafísica cubierta de amapolas?
Y la lluvia que a menudo golpeaba
sus palabras llenándolas
de agujeros y pájaros?

Os voy a contar todo lo que me pasa.

Yo vivía en un barrio
de Madrid, con campanas,
con relojes, con árboles.

Desde allí se veía
el rostro seco de Castilla
como un océano de cuero.

                Mi casa era llamada
la casa de las flores, porque por todas partes
estallaban geranios: era
una bella casa
con perros y chiquillos.
              Raúl, te acuerdas?
Te acuerdas, Rafael?
              Federico, te acuerdas
debajo de la tierra,
te acuerdas de mi casa con balcones en donde
la luz de junio ahogaba flores en tu boca?

            Hermano, hermano!
Todo
era grandes voces, sal de mercaderías,
aglomeraciones de pan palpitante,
mercados de mi barrio de Argüelles con su estatua

A FEW THINGS EXPLAINED

You will ask: And where are the lilacs?
And the metaphysics muffled in poppies?
And the rain which so often has battered
its words till they spouted up
gullies and birds?

I'll tell you how matters stand with me.

I lived for a time in suburban
Madrid, with its bells
and its clocks and its trees.

The face of Castile
could be seen from that place, parched,
like an ocean of leather.
                    People spoke of my house
as "the house with the flowers"; it exploded
geraniums: such a beautiful
house, with the
dogs and the small fry.
                    Remember, Raul?
Remember it, Rafael?
                    Federico, under the ground
there, remember it?
Can you remember my house with the balconies where
June drowned the dazzle of flowers in your teeth?

                    Ah, brother, my brother!
All
the voices were generous, the salt of the market place,
convocations of shimmering bread,
the stalls of suburban Argüelles with its statue

como un tintero pálido entre las merluzas:
el aceite llegaba a las cucharas,
un profundo latido
de pies y manos llenaba las calles,
metros, litros, esencia
aguda de la vida,

                        pescados hacinados,
contextura de techos con sol frío en el cual
la flecha se fatiga,
delirante marfil fino de las patatas,
tomates repetidos hasta el mar.

Y una mañana todo estaba ardiendo
y una mañana las hogueras
salían de la tierra
devorando seres,
y desde entonces fuego,
pólvora desde entonces,
y desde entonces sangre.

Bandidos con aviones y con moros,
bandidos con sortijas y duquesas,
bandidos con frailes negros bendiciendo
venían por el cielo a matar niños
y por las calles la sangre de los niños
corría simplemente, como sangre de niños.

Chacales que el chacal rechazaría,
piedras que el cardo seco mordería escupiendo,
víboras que las víboras odiarían!

Frente a vosotros he visto la sangre
de España levantarse
para ahogaros en una sola ola
de orgullo y de cuchillos!

as wan as an inkwell in the sheen of the hake:
oil brimmed the spoons,
a wild pandemonium
of fingers and feet overflowing the streets,
meters and liters, all the avid
quintessence of living,
                          fish packed in the stands,
a contexture of roofs in the chill of the sun
where the arrowpoints faltered;
potatoes, inflamed and fastidious ivory,
tomatoes again and again to the sea.

Till one morning everything blazed:
one morning bonfires
sprang out of earth
and devoured all the living;
since then, only fire,
since then, the blood and the gunpowder,
ever since then.

Bandits in airplanes, Moors
and marauders with seal rings and duchesses,
black friars and brigands signed with the cross, coming
out of the clouds to a slaughter of innocents:
the blood of the children was seen in the streets,
flowing easily out, in the habit of children.

Jackals abhorred by the jackal!
Spittle of stones that the thirst of the thistle rejected,
vipers despised by the viper!

In sight of you now, I have seen
Spain uplifting its blood
in a torrent
of knives and defiance, to carry you under!

Generales
traidores:
mirad mi casa muerta,
mirad España rota:
pero de cada casa muerta sale metal ardiendo
en vez de flores,
pero de cada hueco de España
sale España,
pero de cada niño muerto sale un fusil con ojos,
pero de cada crimen nacen balas
que os hallarán un día el sitio
del corazón.

Preguntaréis por qué su poesía
no nos habla del suelo, de las hojas,
de los grandes volcanes de su país natal?

Venid a ver la sangre por las calles,
venid a ver
la sangre por las calles,
venid a ver la sangre
por las calles!

Turncoats
and generals:
see the death of my house,
look well at the havoc of Spain:
out of dead houses it is metal that blazes
in place of the flowers,
out of the ditches of Spain
it is Spain that emerges,
out of the murder of children, a gunsight with eyes,
out of your turpitude, bullets are born
that one day will strike for the mark
of your hearts.

Would you know why his poems
never mention the soil or the leaves,
the gigantic volcanoes of the country that bore him?

Come see the blood in the streets,
come see
the blood in the streets,
come see the blood
in the streets!

CÓMO ERA ESPAÑA

Era España tirante y seca, diurno
tambor de són opaco,
llanura y nido de águilas, silencio
de azotada intemperie.

Cómo, hasta el llanto, hasta el alma
amo tu duro suelo, tu pan pobre,
tu pueblo pobre, cómo hasta el hondo sitio
de mi ser hay la flor perdida de tus aldeas
arrugadas, inmóviles de tiempo,
y tus campiñas minerales
extendidas en luna y en edad
y devoradas por un dios vacío.

Todas tus estructuras, tu animal
aislamiento junto a tu inteligencia
rodeada por las piedras abstractas del silencio,
tu áspero vino, tu suave
vino, tus violentas
y delicadas viñas.

Piedra solar, pura entre las regiones
del mundo, España recorrida
por sangres y metales, azul y victoriosa
proletaria de pétalos y balas, única
viva y soñolienta y sonora.

HOW SPAIN WAS

Bone-dry and taut, day's drumskin,
a sounding opacity: that's how Spain was:
an eyrie for eagles, flat-landed, a silence
under the thong of the weathers.

How, with my soul and my tears,
I have cherished your obstinate soil, your destitute bread
and your peoples; how, in the deepest
recess of my being, the flower of your villages,
furrowed, immobile in time, lives for me, lost,
with your flinty savannas
magnified under the moon and the eons,
gorged by a fatuous god.

All your animal
loneliness, joined to your judgment, all things built with your
    hands
in a compass of silence bounded abstractly by stones,
your vintages, the suave
and the coarse, your aroused
and your delicate vines.

Great sunstone, unflawed in the zones
of the world, Spain threaded
by bloods and by metals, triumphant and blue,
proletariat of petals and bullets whom nothing repeats in the
    world:
sonorous, somnolent, living.

Canto general / General Song
(1950)

ALGUNAS BESTIAS

Era el crepúsculo de la iguana.

Desde la arcoirisada crestería
su lengua como un dardo
se hundía en la verdura,
el hormiguero monacal pisaba
con melodioso pie la selva,
el guanaco fino como el oxígeno
en las anchas alturas pardas
iba calzando botas de oro,
mientras la llama abriá cándidos
ojos en la delicadeza
del mundo lleno de rocío.

Los monos trenzaban un hilo
interminablemente erótico
en las riberas de la aurora,
derribando muros de polen
y espantando el vuelo violeta
de las mariposas de Muzo.

Era la noche de los caimanes,
la noche pura y pululante
de hocicos saliendo del légamo,
y de las ciénagas soñolientas
un ruido opaco de armaduras
volvía al origen terrestre.

El jaguar tocaba las hojas
con su ausencia fosforescente,
el puma corre en el ramaje
como el fuego devorador
mientras arden en él los ojos
alcohólicos de la selva.

SOME BEASTS

It was the twilight of the iguana:

From a rainbowing battlement,
a tongue like a javelin
lunging in verdure;
an ant heap treading the jungle,
monastic, on musical feet;
the guanaco, oxygen-fine
in the high places swarthy with distances,
cobbling his feet into gold;
the llama of scrupulous eye
that widens his gaze on the dews
of a delicate world.

A monkey is weaving
a thread of insatiable lusts
on the margins of morning:
he topples a pollen-fall,
startles the violet flight
of the butterfly, wings on the Muzo.

It was the night of the alligator:
snouts moving out of the slime,
in original darkness, pullulations,
a clatter of armor, opaque
in the sleep of the bog,
turning back to the chalk of the sources.

The jaguar touches the leaves
with his phosphorous absence,
the puma speeds to his covert
in the blaze of his hungers,
his eyeballs, a jungle of alcohol,
burn in his head.

Los tejones rascan los pies
del río, husmean el nido
cuya delicia palpitante
atacarán con dientes rojos.

Y en el fondo del agua magna,
como el círculo de la tierra,
está la gigante anaconda
cubierta de barros rituales,
devoradora y religiosa.

Badgers are raking the river beds,
nuzzling the havens
for their warm delectation,
red-toothed, for assault.

And below, on the vastness of water,
like a continent circled,
drenched in the ritual mud,
rapacious, religious,
gigantic, the coiled anaconda.

IV

La poderosa muerte me invitó muchas veces:
era como la sal invisible en las olas,
y lo que su invisible sabor diseminaba
era como mitades de hundimientos y altura
o vastas construcciones de viento y ventisquero.

Yo al férreo filo vine, a la angostura
del aire, a la mortaja de agricultura y piedra,
al estelar vacío de los pasos finales
y a la vertiginosa carretera espiral:
pero, ancho mar, oh, muerte!, de ola en ola no vienes,
sino como un galope de claridad nocturna
o como los totales números de la noche.

Nunca llegaste a hurgar en el bolsillo, no era
posible tu visita sin vestimenta roja:
sin auroral alfombra de cercado silencio:
sin altos o enterrados patrimonios de lágrimas.

No pude amar en cada ser un árbol
con su pequeño otoño a cuestas (la muerte de mil hojas),
todas las falsas muertes y las resurrecciones
sin tierra, sin abismo:
quise nadar en las más anchas vidas,
en las más sueltas desembocaduras,
y cuando poco a poco el hombre fué negándome
y fué cerrando paso y puerta para que no tocaran
mis manos manantiales su inexistencia herida,
entonces fuí por calle y calle y río y río,
y ciudad y ciudad y cama y cama,

IV

Death, overmastering all, has beckoned me often: no
eye has seen it, like brine in the wave,
but invisible savors are shed on the waters,
height, or the ruin of height, a plenitude halved,
enormous constructions of ice and the wind.

I had come to the limits of iron, a narrowing
air, to the graveclothes of gardens and stones,
vacancy starred with the tread of the ultimate,
and the dizzying whorl of the highway:
but not with a billow's successions you come to us, Death!
though the sea of our dying is ample, you strike at a gallop,
explicit in darkness, and the numbers of midnight are reckoned.

No pickpocket rifler, you come to us; lacking
that scarlet investiture, no advent is possible:
you tread on the weft of the morning, enclosing a quietness,
a heritage weeping above us, tears underground.

That tree of our being,
with its nondescript autumns (a thousand leaves dying),
that fardel of fraudulent deaths, resurrections
out of nowhere—neither earth, nor abysses of earth:
I never could cherish it.
I prayed to the drench of life's amplitude, a swimmer,
unencumbered, at the place of the sources;
until, little by little, denied by the others—those
who would seal up their doors and their footfalls and withhold
their wounded non-being from the gush of my fingers—
I came by another way, river by river, street after street,
city by city, one bed and another,

y atravesó el desierto mi máscara salobre,
y en las últimas casas humilladas, sin lámpara, sin fuego,
sin pan, sin piedra, sin silencio, solo,
rodé muriendo de mi propia muerte.

V

No eres tú, muerte grave, ave de plumas férreas,
la que el pobre heredero de las habitaciones
llevaba entre alimentos apresurados, bajo la piel vacía:
era algo, un pobre pétalo de cuerda exterminada:
un átomo del pecho que no vino al combate
o el áspero rocío que no cayó en la frente.
Era lo que no pudo renacer, un pedazo
de la pequeña muerte sin paz ni territorio:
un hueso, una campana que morían en él.
Yo levanté las vendas del yodo, hundí las manos
en los pobres dolores que mataban la muerte,
y no encontré en la herida sino una racha fría
que entraba por los vagos intersticios del alma.

VII

Muertos de un solo abismo, sombras de una hondonada,
la profunda, es así como al tamaño
de vuestra magnitud
vino la verdadera, la más abrasadora
muerte y desde las rocas taladradas,
desde los capiteles escarlata,
desde los acueductos escalares
os desplomasteis como en un otoño
en una sola muerte.
Hoy el aire vacío ya no llora,
ya no conoce vuestros pies de arcilla,

forcing the salt of my mask through a wilderness;
and there, in the shame of the ultimate hovels, lampless and
    fireless,
lacking bread or a stone or a stillness, alone in myself,
I whirled at my will, dying the death that was mine.

V

Not feathered with iron, portentous in dying—not that way
the impoverished spawn of the hamlet inherit you, Death:
they wear in the void of their skins a more urgent subsistence,
a thing of their own, poor petal, a raveling cord,
the mote in the bosom that never confronted its quarrel,
the forehead's arduous sweat drop that never was given.
Theirs is the little death, placeless and respiteless,
a morsel of dying no second renewal could quicken:
a bone or a perishing bell-sound razed from within.
I opened a bandage of iodine, steeping my hands
in the starveling despairs that would murder their dying,
but nothing declared itself there in the wound, nothing came
    forth:
only spaces of spirit where vaguely the bitter chill blew.

VII

O you dead of a common abysm, shades of a chasm,
see where the depths lead! it is this way: as if
to your magnitude's measure,
death's perfectness came in the quick of a holocaust;
as if, from the ravage
of drillers, the crimson pilasters
and staggered ascents of the aqueducts,
you veered out of plumb, indivisibly
dying, and crashed like an autumn.
The hollow of air will lament you no longer,
nor acknowledge the chalk of your footfalls;

ya olvidó vuestros cántaros que filtraban el cielo
cuando lo derramaban los cuchillos del rayo,
y el árbol poderoso fué comido
por la niebla, y cortado por la racha.
Él sostuvo una mano que cayó de repente
desde la altura hasta el final del tiempo.
Ya no sois, manos de araña, débiles
hebras, tela enmarañada:
cuanto fuistes cayó: costumbres, sílabas
raídas, máscaras de luz deslumbradora.

Pero una permanencia de piedra y de palabra:
la ciudad como un vaso se levantó en las manos
de todos, vivos, muertos, callados, sostenidos
de tanta muerte, un muro, de tanta vida un golpe
de pétalos de piedra: la rosa permanente, la morada:
este arrecife andino de colonias glaciales.

Cuando la mano de color de arcilla
se convirtió en arcilla, y cuando los pequeños párpados se cerraron
llenos de ásperos muros, poblados de castillos,
y cuando todo el hombre se enredó en su agujero,
quedó la exactitud enarbolada:
el alto sitio de la aurora humana:
la más alta vasija que contuvo el silencio:
una vida de piedra después de tantas vidas.

your cruses that filtered the sky
brimming the light with a sunburst of knives,
are forgotten; the power that lives in the tree
is devoured by the haze and struck down by the wind.
Suddenly, out of the summits, into uttermost time,
the hand that it cradled has toppled.
All that spidery finger-play, the gimcrack
device of the fibers, the meshes' entanglements—you have put
    them behind.
All that you were, falls away: habits, tatterdemalion
syllables, the blinding personae of light.

We come upon permanence: the rock that abides and the word:
the city upraised like a cup in our fingers,
all hands together, the quick and the dead and the quiet;
    death's
plenitude holding us here, a bastion, the fullness
of life like a blow falling, petals of flint
and the perduring rose, abodes for the sojourner,
a glacier for multitudes, breakwater in Andes.

Now when the clay-colored hand is made
one with the clay, diminutive eyelids close over,
crammed with the bruise of the walls, peopled with castles,
as if our humanity tangled itself in a bog—
a leafy exactitude stays:
the high places, holding our human beginnings:
that steepest alembic encircling our silence:
life like an adamant, after the fleeting of lives.

Qué hicisteis vosotros gidistas,
intelectualistas, rilkistas,
misterizantes, falsos brujos
existenciales, amapolas
surrealistas encendidas
en una tumba, europeizados
cadáveres de la moda,
pálidas lombrices del queso
capitalista, qué hicisteis
ante el reinado de la angustia,
frente a este oscuro ser humano,
a esta pateada compostura,
a esta cabeza sumergida
en el estiércol, a esta esencia
de ásperas vidas pisoteadas?

No hicisteis nada sino la fuga:
vendisteis hacinado detritus,
buscasteis cabellos celestes,
plantas cobardes, uñas rotas,
"Belleza pura," "sortilegio,"
obra de pobres asustados
para evadir los ojos, para
enmarañar las delicadas
pupilas, para subsistir
con el plato de restos sucios
que os arrojaron los señores,
sin ver la piedra en agonía,
sin defender, sin conquistar,
más ciegos que las coronas
del cementerio, cuando cae
la lluvia sobre las inmóviles
flores podridas de las tumbas.

What has it come to, you Gideans,
Rilkeans, intellect-mongers,
obscurantists, false
existential witch doctors, surrealist
butterflies ablaze
on the carrion, you up-to-the-minute
continental cadavers,
green grubs in the cheeses
of Capital—what did you do
in the kingdoms of agony,
in sight of a nameless humanity
and their vexed acquiescence,
heads drowned
in the offal, the harrowed
quintessence of life trampled under?

Flight and escape: nothing more. You peddled
the rinds of the dump-heap,
probed for a heaven of hair,
pusillanimous plants, fingernail parings:
"pure Beauty," "sorcery"—
all that wretched device of the fainthearted
averting their gazes, looking askance,
disengaging their delicate
eyeballs, to root in a
platter of rinsings and garbage
flung down to you there by the lordlings,
blind to the anguish that works in the stone,
disclaiming all quarrels, undefended:
blinder by far than the funeral
wreath in the rain of the graveyard,
that falls on the motionless
compost of flowers, on the mounds.

Eran muchos, llevaban el ídolo
sobre los hombros, era espesa
la cola de la muchedumbre
como una salida del mar
con morada fosforescencia.

Saltaban bailando, elevando
graves murmullos masticados
que se unían a la fritanga
y a los tétricos tamboriles.

Chalecos morados, zapatos
morados, sombreros
llenaban de manchas violetas
las avenidas como un río
de enfermedades pustulosas
que desembocaba en los vidrios
inútiles de la catedral.
Algo infinitamente lúgubre
como el incienso, la copiosa
aglomeración de las llagas
hería los ojos uniéndose
con las llamas afrodisíacas
del apretado río humano.

Vi al obeso terrateniente
sudando en los sobrepellices,
rascándose los goterones
de sagrada esperma en la nuca.
Vi al zaparrastroso gusano
de las estériles montañas,
al indio de rostro perdido
en las vasijas, al pastor

There were many to shoulder
the idol: multitudes
packed into queues and
debouching like sea water
phosphorescent with purple.

Dancing and leaping and grinding
their teeth on a ritual mumble,
in a merging of voices: fish-fry and chicken-gut
and dour tambourines.

Lavender waistcoats and lavender
shoes, hats smutty
with violet,
avenues brimming like rivers
with the sick and the pustulant
that emptied their filth
on the impotent glass of cathedrals.
A thing inexhaustibly
sad, like the incense, an extravagant
rabble of ulcers
wounding the onlooker, that merged
with the aphrodisiacal fire
and fused in a sea of the living.

I looked long: at the swag-bellied
landholders, sweaty with surplices,
scratching the droplets
of hallowing sperm from their neckbands.
Saw the slovenly worm
in the mountain's sterility,
the Indian faces supine among platters
and cannikins; mild llamas

de llamas dulces, a las niñas
cortantes de las sacristías,
a los profesores de aldea
con rostros azules y hambrientos.
Narcotizados bailadores
con camisones purpurinos
iban los negros pataleando
sobre tambores invisibles.
Y todo el Perú se golpeaba
el pecho mirando la estatua
de una señora remilgada,
azul-celeste y rosadilla
que navegaba las cabezas
en su barco de confitura
hinchado de aire sudoroso.

and llama-boys; gaunt
virgins that languish in sacristies,
parochial schoolmasters
blue-faced and hunger-marked.
Narcotic with dancing,
stamping their feet on invisible
drums, the negroes moved on
in their amethyst nightgowns.
A country was beating its breastbone—
the whole of Peru, with its gaze
on an idol, sky-blue and roseate,
our lady of niceties
parting their heads like a sea
in her shallop of marmalade
and swelling a sweltering air.

LA UNITED FRUIT CO.

Cuando sonó la trompeta, estuvo
todo preparado en la tierra,
y Jehová repartió el mundo
a Coca-Cola Inc., Anaconda,
Ford Motors, y otras entidades:
la Compañía Frutera Inc.
se reservó lo más jugoso,
la costa central de mi tierra,
la dulce cintura de América.
Bautizó de nuevo sus tierras
como "Repúblicas Bananas,"
y sobre los muertos dormidos,
sobre los héroes inquietos
que conquistaron la grandeza,
la libertad y las banderas,
estableció la ópera bufa:
enajenó los albedríos,
regaló coronas de César,
desenvainó la envidia, atrajo
la dictadura de las moscas,
moscas Trujillos, moscas Tachos,
moscas Carías, moscas Martínez,
moscas Ubico, moscas húmedas
de sangre humilde y mermelada,
moscas borrachas que zumban
sobre las tumbas populares,
moscas de circo, sabias moscas
entendidas en tiranía.
Entre las moscas sanguinarias
la Frutera desembarca,
arrasando el café y las frutas,
en sus barcos que deslizaron
como bandejas el tesoro
de nuestras tierras sumergidas.

THE UNITED FRUIT CO.

When the trumpets had sounded and all
was in readiness on the face of the earth,
Jehovah divided his universe:
Anaconda, Ford Motors,
Coca-Cola Inc., and similar entities:
the most succulent item of all,
The United Fruit Company Incorporated
reserved for itself: the heartland
and coasts of my country,
the delectable waist of America.
They rechristened their properties:
the "Banana Republics"—
and over the languishing dead,
the uneasy repose of the heroes
who harried that greatness,
their flags and their freedoms,
they established an *opéra bouffe:*
they ravished all enterprise,
awarded the laurels like Caesars,
unleashed all the covetous, and contrived
the tyrannical Reign of the Flies—
Trujillo the fly, and Tacho the fly,
the flies called Carias, Martinez,
Ubico—all of them flies, flies
dank with the blood of their marmalade
vassalage, flies buzzing drunkenly
on the populous middens:
the fly-circus fly and the scholarly
kind, case-hardened in tyranny.
Then in the bloody domain of the flies
The United Fruit Company Incorporated
sailed off with a booty of coffee and fruits
brimming its cargo boats, gliding
like trays with the spoils
of our drowning dominions.

Mientras tanto, por los abismos
azucarados de los puertos,
caían indios sepultados
en el vapor de la mañana:
un cuerpo rueda, una cosa
sin nombre, un número caído,
un racimo de fruta muerta
derramada en el pudridero.

And all the while, somewhere in the sugary
hells of our seaports,
smothered by gases, an Indian
fell in the morning:
a body spun off, an anonymous
chattel, some numeral tumbling,
a branch with its death running out of it
in the vat of the carrion, fruit laden and foul.

LOS MENDIGOS

Junto a las catedrales, anudados
al muro, acarrearon
sus pies, sus bultos, sus miradas negras,
sus crecimientos lívidos de gárgolas,
sus latas andrajosas de comida,
y desde allí, desde la dura
santidad de la piedra,
se hicieron flora de la calle, errantes
flores de las legales pestilencias.

El parque tiene sus mendigos
como sus árboles de torturados
ramajes y raíces:
a los pies del jardín vive el esclavo,
como al final del hombre, hecho basura,
aceptada su impura simetría,
listo para la escoba de la muerte.

La caridad lo entierra
en su agujero de tierra leprosa:
sirve de ejemplo al hombre de mis días.
Debe aprender a pisotear, a hundir
la especie en los pantanos del desprecio,
a poner los zapatos en la frente
del ser con uniforme de vencido,
o por lo menos debe comprenderlo
en los productos de la naturaleza.
Mendigo americano, hijo del año
1948, nieto
de catedrales, yo no te venero,
yo no voy a poner marfil antiguo,
barbas de rey en tu escrita figura,
como te justifican en los libros,

THE BEGGARS

By the cathedrals, clotting
the walls, they deploy
with their bundles, their black looks, their limbs,
ripped tins of provender,
the livid increase of the gargoyles;
beyond, on the obdurate
unction of stone
they nurture a gutter-flower, the flower
of legitimized plague, in migrations.

The park has its paupers
like its trees of extortionate
foliage and root-forms:
at the garden's margin, the slave,
like a sink at the verge of humanity,
content with his tainted dissymmetry
supine by the broom of his dying.

Though charity bury them
in the pit of their pestilence,
they suffice for the human condition: they prefigure us.
Our wisdom is this: to trample them under,
to harry the breed in the sties of contempt,
servility's creatures, wearing servility's livery—
we may show them our bootsoles
or interpret their lack in the order of nature.
American panhandlers, '48's
offspring, grandsons
of church doors, I do not commend you.
I will not invest you with ivory usages,
the rhetorists' figure, monarchical beards,
or explain you away with a book, like the others.

yo te voy a borrar con esperanza:
no entrarás a mi amor organizado,
no entrarás a mi pecho con los tuyos,
con los que te crearon escupiendo
tu forma degradada,
yo apartaré tu arcilla de la tierra
hasta que te construyan los metales
y salgas a brillar como una espada.

I efface you, and hope—
who never will enter my discipline's love,
neither you nor your pieties, nor pass to my pity.
I exile your dust from the earth
and those who contrived you to soil
a contemptible image—
till metals remake you
and you issue and blaze like a blade.

UN ASESINO DUERME

La cintura manchada por el vino
cuando el dios tabernario
pisa los vasos rotos y desgreña
la luz del alba desencadenada:
la rosa humedecida en el sollozo
de la pequeña prostituta, el viento de los días febriles
que entra por la ventana sin cristales
donde el vengado duerme con los zapatos puestos
en un olor amargo de pistolas,
en un color azul de ojos perdidos.

SLEEPING ASSASSIN

A wine-spotted waist
for the tavern-god
treading the wreckage of glasses, disheveling
dawn's glowing divisions—
a moistening rose in the prostitute's whimper,
where the wind spends the fevers of morning
in a windowpane's void,
and the gunman, still booted for vengeance,
in a sour exhalation of pistols,
and a blue-eyed disaster, sleeps sound.

LOS DICTADORES

Ha quedado un olor entre los cañaverales:
una mezcla de sangre y cuerpo, un penetrante
pétalo nauseabundo.
Entre los cocoteros las tumbas están llenas
de huesos demolidos, de estertores callados.
El delicado sátrapa conversa
con copas, cuellos y cordones de oro.
El pequeño palacio brilla como un reloj
y las rápidas risas enguantadas
atraviesan a veces los pasillos
y se reúnen a las voces muertas
y a las bocas azules frescamente enterradas.
El llanto está escondido como una planta
cuya semilla cae sin cesar sobre el suelo
y hace crecer sin luz sus grandes hojas ciegas.
El odio se ha formado escama a escama,
golpe a golpe, en el agua terrible del pantano,
con un hocico lleno de légamo y silencio.

THE DICTATORS

An odor stayed in the cane fields:
carrion, blood, and a nausea
of harrowing petals.
Between coconut palms lay the graves, a stilled
strangulation, a festering surfeit of bones.
A finical satrap conversed
with wineglasses, collars, and piping.
In the palace, all flashed like a clock-dial,
precipitate laughter in gloves, a moment
spanning the passageways, meeting
the newly killed voices and the buried blue mouths. Out of sight,
lament was perpetual and fell, like a plant and its pollen,
forcing a lightless increase in the blinded, big leaves.
And bludgeon by bludgeon, on the terrible waters,
scale over scale in the bog,
the snout filled with silence and slime
and vendetta was born.

HAMBRE EN EL SUR

Veo el sollozo en el carbón de Lota
y la arrugada sombra del chileno humillado
picar la amarga veta de la entraña, morir,
vivir, nacer en la dura ceniza
agachados, caídos como si el mundo
entrara así y saliera así
entre polvo negro, entre llamas,
y sólo sucediera
la tos en el invierno, el paso
de un caballo en el agua negra, donde ha caído
una hoja de eucaliptus como un cuchillo muerto.

HUNGER IN THE SOUTH

Woe in the charcoals of Lota, I see:
the dishonored *chileno* like a black corrugation
rifling the bitter recesses,
dying or living, born to the pitiless cinder
in a posture of kneeling, felled
between fires and black powder,
as if worlds might create and undo themselves
for only a winter's survival of coughing,
or the step of a horse through the pitch-colored water, where
    lately
the perishing knives of the stripped eucalyptus have fallen.

Fundamentales aguas, paredes de agua, trébol
y avena combatida,
cordelajes ya unidos a la red de una noche
húmeda, goteante, salvajemente hilada,
gota desgarradora repetida en lamento,
cólera diagonal cortando cielo.
Galopan los caballos de perfume empapado,
bajo el agua, golpeando el agua, interviniéndola
con sus ramajes rojos de pelo, piedra y agua:
y el vapor acompaña como una leche loca
el agua endurecida con fugaces palomas.
No hay día sino los cisternales
del clima duro, del verde movimiento
y las patas anudan veloz tierra y transcurso
entre bestial aroma de caballo con lluvia.
Mantas, monturas, pellones agrupados
en sombrías granadas sobre los
ardientes lomos de azufre que golpean
la selva decidiéndola
       Más allá, más allá, más allá, más allá.
más allá, más allá, más allá, más alláaaaaa,
los jinetes derriban la lluvia, los jinetes
pasan bajo los avellanos amargos, la lluvia
tuerce en trémulos rayos su trigo sempiterno.
Hay luz del agua, relámpago confuso
derramado en la hoja, y del mismo sonido del galope
sale un agua sin vuelo, herido por la tierra.
Húmeda rienda, bóveda enramada,
pasos de pasos, vegetal nocturno
de estrellas rotas como hielo o luna, ciclónico caballo
cubierto por las flechas como un helado espectro,
lleno de nuevas manos nacidas en la furia,
golpeante manzana rodeada por el miedo
y su gran monarquía de temible estandarte.

Primordial waters: clover and oat striving, water-walls,
a meshing of cords in the net of the night,
in the barbarous weave of the damp, dropping water,
a rending of waterdrops, lamenting successions,
diagonal rage, cutting heaven.
Steeped in aromas, smashing the water, interposing
the roan of their gloss, like a foliage, between boulder and water,
the horses gallop in water,
their vapor attending, in a lunatic milk,
a stampede of doves that hardens, like water.
Not day, but a cistern
of obdurate weather, green agitations,
where hooves join a landscape of haste
with the lapse of the rain and the bestial aroma of horses.
Blankets and pommels, clustering cloak-furs,
seed-falls of darkness,
ablaze on the haunches of brimstone
that beat the considering jungle.
                              Beyond and beyond and beyond
and beyond and beyond and beyond and beyoooooond:
the horsemen demolish the rain, the horsemen
pass under the bittering hazelnut, the rain
weaves unperishing wheat in a shimmer of lusters.
Here is water's effulgence, confusion of lightning,
to spill on the leaf, here, from the noise of the gallop,
the water goes wounded to earth, without flight.
The bridle reins dampen: branch-covered archways,
footfalls of footfalls, an herbage of darkness
in splintering star-shapes, moonlike, icelike, a cyclone of horses
riddled with points like an icicle prism—
and born out of furor, the innocent fingers brim over,
the apple encompassing terror
and the terrible banners of empire, are smitten.

CRISTÓBAL MIRANDA
(*Palero-Tocopilla*)

Te conocí, Cristóbal, en las lanchas anchas
de la bahía, cuando baja
el salitre, hacia el mar, en la quemante
vestidura de un día de Noviembre.
Recuerdo aquella extática apostura,
los cerros de metal, el agua quieta.
Y sólo el hombre de las lanchas, húmedo
de sudor, moviendo nieve.
Nieve de los nitratos, derramada
sobre los hombros del dolor, cayendo
a la barriga ciega de las naves.
Allí, paleros, héroes de una aurora
carcomida por ácidos, sujeta
a los destinos de la muerte, firmes,
recibiendo el nitrato caudaloso.
Cristóbal, este recuerdo para ti.
Para los camaradas de la pala,
a cuyos pechos entra el ácido
y las emanaciones asesinas,
hinchando como águilas aplastadas
los corazones, hasta que cae el hombre,
hasta que rueda el hombre hacia las calles,
hacia las cruces rotas de la pampa.
Bien, no digamos más, Cristóbal, ahora
este papel que te recuerda, a todos,
a los lancheros de bahía, al hombre
ennegrecido de los barcos, mis ojos
van con vosotros en esta jornada
y mi alma es una pala que levanta
cargando y descargando sangre y nieve,
junto a vosotros, vidas del desierto.

CRISTÓBAL MIRANDA
(Stevedore, Tocopilla)

I knew you in the big bay boats, Cristóbal,
on a day when the nitrate
came down to the sea's edge, in November's
scalding investiture.
I remember some ravished serenity,
the summits of metal and the unmoving water;
and a man wetted down in his sweat,
moving a cargo of snow, whose trade is with boats.
For nitrate moved with the snow, shed
on the harrowing shoulders, blind in
the boatholds, and falling:
for the stevedores, the heroes of morning,
bitten with acids, death's
imminent timeservers, taking
the prodigal nitrate, unshaken.
Cristóbal: this keepsake's for you—
a shoveler's fellowship, hearts
tumid with strain; the unascending eagles
into whose breathing the acids
and murderous gases have entered:
for all good men brought down in the street,
who wheel
toward the broken cross of their *pampa*.
Cristóbal: no more of that now.
This paper commends you to all,
all mariners, men
blackened with boats in the bay. My eyes
go with yours in this stint,
my force in the heft of your shovel,
in a desert's subsistence—standing near to you,
loading the blood and the snow and unloading it.

EL POETA

Antes anduve por la vida, en medio
de un amor doloroso: antes retuve
una pequeña página de cuarzo
clavándome los ojos en la vida.
Compré bondad, estuve en el mercado
de la codicia, respiré las aguas
más sordas de la envidia, la inhumana
hostilidad de máscaras y seres.
Viví un mundo de ciénaga marina
en que la flor de pronto, la azucena
me devoraba en su temblor de espuma,
y donde puse el pie resbaló mi alma
hacia las dentaduras del abismo.
Así nació mi poesía, apenas
rescatada de ortigas, empuñada
sobre la soledad como un castigo,
o apartó en el jardín de la impudicia
su más secreta flor hasta enterrarla.
Aislado así como el agua sombría
que vive en sus profundos corredores,
corrí de mano en mano, al aislamiento
de cada ser, al odio cuotidiano.
Supe que así vivían, escondiendo
la mitad de los seres, como peces
del más extraño mar, y en las fangosas
inmensidades encontré la muerte.
La muerte abriendo puertas y caminos.
La muerte deslizándose en los muros.

THE POET

That time when I moved among happenings
in the midst of my mournful devotions; that time
when I cherished a leaflet of quartz,
and stared at a lifetime's vocation.
I ranged in the markets of avarice
where goodness is bought for a price, breathed
the insensate miasmas of envy, the inhuman
contention of masks and existences.
I endured in the bog-dweller's element; the lily
that breaks on the water in a sudden
disturbance of bubbles and blossoms, devoured me.
Whatever the foot sought, the spirit deflected,
or sheered toward the fang of the pit.
So my poems took being, in travail
retrieved from the thorn, like a penance,
wrenched by a seizure of hands, out of solitude;
or they parted for burial
their secretest flower in immodesty's garden.
Estranged to myself, like shadow on water
that moves through a corridor's fathoms,
I sped through the exile of each man's existence,
this way and that, and so, to habitual loathing;
for I saw that their being was this: to stifle
one half of existence's fullness like fish
in an alien limit of ocean. And there,
in immensity's mire, I encountered their death;
Death grazing the barriers,
Death opening roadways and doorways.

EL GRAN OCÉANO

Si de tus dones y de tus destrucciones, Océano, a mis manos
pudiera destinar una medida, una fruta, un fermento,
escogería tu reposo distante, las líneas de tu acero,
tu extensión vigilada por el aire y la noche,
y la energía de tu idioma blanco
que destroza y derriba sus columnas
en su propia pureza demolida.

No es la última ola con su salado peso
la que tritura costas y produce
la paz de arena que rodea el mundo:
es el central volumen de la fuerza,
la potencia extendida de las aguas,
la inmóvil soledad llena de vidas.
Tiempo, tal vez, o copa acumulada
de todo movimiento, unidad pura
que no selló la muerte, verde víscera
de la totalidad abrasadora.

Del brazo sumergido que levanta una gota
no queda sino un beso de la sal. De los cuerpos
del hombre en tus orillas una húmeda fragancia
de flor mojada permanece. Tu energía
parece resbalar sin ser gastada,
parece regresar a su reposo.

La ola que desprendes,
arco de identidad, pluma estrellada,
cuando se despeñó fué sólo espuma,
y regresó a nacer sin consumirse.

Toda tu fuerza vuelve a ser origen.
Sólo entregas despojos triturados,

If, to my hands, from its havocs and bounties,
the Sea might appoint me a ferment, a portion, a fruit,
I would speak for that concord of distance, perspectives of steel,
evenings and airs of alerted extension—
your power, like a language of whiteness, O Ocean,
the spoilure and rending of columns,
into innocent essence brought low.

    Not yet that ultimate wave in the weight of its brine,
    smashing on seacoast, conducing
    the peace of the sand that encircles a world.
    But power and volume concenter,
    capacity ranges the waters,
    unmoved, in the flowing aloneness, in a surfeit of lives:
    Time, it may be, or the goblet of motion's entirety,
    upgathered and brimless with death; original singlehood,
    visceral greens,
    in a charring totality.

The drowned arm, uplifting,
carries only the kiss of the salt in a droplet. From the torsos of
    men,
a humid perfume on the beaches,
the soaked flower, retained;
your power in a semblance of squandering force,
undiminished, returned in a semblance of calm.

Your wave, giving way
in a bow of identity, explosion of feathers,
a trifle of spindrift, expends itself headlong
and returns to its cause, unconsumed.

And vigor recovers its origin.
No more than a ruined excess your surrender, O Sea:

cáscaras que apartó tu cargamento,
lo que expulsó la acción de tu abundancia,
todo lo que dejó de ser racimo.

Tu estatua está extendida más allá de las olas.

Viviente y ordenada como el pecho y el manto
de un solo ser y sus respiraciones,
en la materia de la luz izadas,
llanuras levantadas por las olas,
forman la piel desnuda del planeta.

Llenas tu propio ser con tu substancia.
Colmas la curvatura del silencio.

Con tu sal y tu miel tiembla la copa,
la cavidad universal del agua,
y nada falta en ti como en el cráter
desollado, en el vaso cerril:
cumbres vacías, cicatrices, señales
que vigilan el aire mutilado.

Tus pétalos palpitan contra el mundo,
tiemblan tus cereales submarinos,
las suaves ovas cuelgan su amenaza,
navegan y pululan las escuelas,
y sólo sube al hilo de las redes
el relámpago muerto de la escama,
un milímetro herido en la distancia
de tus totalidades cristalinas.

your burden breaks only a husk,
whatever mobility freed from abundance
or lifted itself from the cluster.

Farther than sea-surge your form is extended.

Ardent and ordered, like a gesture of breathing
on breast and its vesture, out of isolate being,
borne up into tissue of light,
your meadows arise on the billow
and the flesh of a planet is bared.

Substance of selfhood overflows into being.
The crescent of silence is brimmed.

The goblet is shaken with salt and with honey,
creation's abysm of waters,
and nothing is lacking, O Sea! Here is no crater's
dismemberment in the cup of the headlands,
no pinnacle's emptiness, vestiges, scars,
patroling an air's mutilation.

The petals of ocean contend with a planet's pulsation.
The underseas granaries tremble.
A gloss on the sea-lettuce poises its menace,
·a swimming and swarming of schools;
the mesh of the net cord, ascending,
draws up only a fish scale's extinction of lightning
one wounded gradation of distance,
in the crystal's accomplished perfection.

LOS ENIGMAS

Me habéis preguntado qué hila el crustáceo
   entre sus patas de oro
y os respondo: El mar lo sabe.
Me decís qué espera la ascidia en su campana transparente?
   Qué espera?
Yo os digo, espera como vosotros el tiempo.
Me preguntáis a quién alcanza el abrazo del alga
   Macrocustis?
Indagadlo, indagadlo a cierta hora, en cierto mar que
   conozco.
Sin duda me preguntaréis por el marfil maldito del narwhal,
   para que yo os conteste
de qué modo el unicornio marino agoniza arponeado.
Me preguntáis tal vez por las plumas alcionarias que
   tiemblan
en los puros orígenes de la marea austral?
Y sobre la construcción cristalina del pólipo habéis barajado,
   sin duda
una pregunta más, desgranándola ahora?
Queréis saber la eléctrica materia de las púas del fondo?
La armada estalactita que camina quebrándose?
El anzuelo del pez pescador, la música extendida
en la profundidad como un hilo en el agua?

Yo os quiero decir que esto lo sabe el mar, que la vida en sus
   arcas
es ancha como la arena, innumerable y pura
y entre las uvas sanguinarias el tiempo ha pulido
la dureza de un pétalo, la luz de la medusa
y ha desgranado el ramo de sus hebras corales
desde una cornucopia de nácar infinito.

THE ENIGMAS

You would know what the crab weaves in the gold of its claws,
and I answer: Ocean will say it.
You ask what the luminous bell of the sea-squirt awaits in the
    water: what
does it hope for? I tell you, it waits for the fullness of time, like
    yourself.
For whom does the alga Macrocystis extend its embraces?
Unriddle it, riddle it out, at a time, in a sea that I know.
And the narwhal's malevolent ivory? though you turn for my
    answer, I tell you
you stay for a stranger reply; how he suffered the killing harpoon.
Or you look, it may be, for the kingfisher's plumage, a pulsation
of purest beginning in the tropical water.
Now, on the lucid device of the polyp you tangle
a new importunity, flailing it fine, to the bran:
you would sift the electrical matter that moves on the tines of the
    void;
the stalactite's splintering armor that lengthens its crystal;
the barb of the angler fish, the singing extension
that weaves in the depths and is loosed on the waters?

I would answer you: the Ocean knows it—the arc of its lifetime
is vast as the sea-sand, flawless and numberless.
Between cluster and cluster, the blood and the vintage, time
    brightens
the flint in the petal, the beam in the jellyfish;
the branches are threshed in the skein of the coral
from the infinite pearl of the horn.

Yo no soy sino la red vacía que adelanta
ojos humanos, muertos en aquellas tinieblas,
dedos acostumbrados al triángulo, medidas
de un tímido hemisferio de naranja.

Anduve como vosotros escarbando
la estrella interminable,
y en mi red, en la noche, me desperté desnudo,
única presa, pez encerrado en el viento.

I am that net waiting emptily—out of range
of the onlooker, slain in the shadows,
fingers inured to a triangle, a timid
half-circle's dimensions computed in oranges.

Probing a starry infinitude,
I came, like yourselves,
through the mesh of my being, in the night, and awoke to my
    nakedness—
all that was left of the catch—a fish in the noose of the wind.

Odas elementales / Elemental Odes
Series I, II, III
(1954-1957)

ODA A LA ALCACHOFA

La alcachofa
de tierno corazón
se vistió de guerrero,
erecta, construyó
una pequeña cúpula,
se mantuvo
impermeable
bajo
sus escamas,
a su lado
los vegetales locos
se encresparon,
se hicieron
zarcillos, espadañas,
bulbos conmovedores,
en el subsuelo
durmió la zanahoria
de bigotes rojos,
la viña
resecó los sarmientos
por donde sube el vino,
la col
se dedicó
a probarse faldas,
el orégano
a perfumar el mundo,
y la dulce
alcachofa
allí en el huerto,
vestida de guerrero,
bruñida
como una granada,
orgullosa;

ARTICHOKE

The artichoke
of delicate heart
erect
in its battle-dress, builds
its minimal cupola;
keeps
stark
in its scallop of
scales.
Around it,
demoniac vegetables
bristle their thicknesses,
devise
tendrils and belfries,
the bulb's agitations;
while under the subsoil
the carrot
sleeps sound in its
rusty mustaches.
Runner and filaments
bleach in the vineyards,
whereon rise the vines.
The sedulous cabbage
arranges
its petticoats;
oregano
sweetens a world;
and the artichoke
dulcetly there in a gardenplot,
armed for a skirmish,
goes proud
in its pomegranate
burnishes.

y un día
una con otra
en grandes cestos
de mimbre, caminó
por el mercado
a realizar su sueño:
la milicia.
En hileras
nunca fué tan marcial
como en la feria,
los hombres
entre las legumbres
con sus camisas blancas
eran
mariscales
de las alcachofas,
las filas apretadas,
las voces de comando,
y la detonación
de una caja que cae;

pero
entonces
viene
María
con su cesto,
escoge
una alcachofa,
no le teme,
la examina, la observa
contra la luz como si fuera un huevo,
la compra,
la confunde
en su bolsa
con un par de zapatos,

Till, on a day,
each by the other,
the artichoke moves
to its dream
of a market place
in the big willow
hoppers:
a battle formation.
Most warlike
of defilades—
with men
in the market stalls,
white shirts
in the soup-greens,
artichoke
field marshals,
close-order conclaves,
commands, detonations,
and voices,
a crashing of crate staves.

And
Maria
come
down
with her hamper
to
make trial
of an artichoke:
she reflects, she examines,
she candles them up to the light like an egg,
never flinching;
she bargains,
she tumbles her prize
in a market bag
among shoes and a

con un repollo y una
botella
de vinagre
hasta
que entrando a la cocina
la sumerge en la olla.

Así termina
en paz
esta carrera
del vegetal armado
que se llama alcachofa,
luego
escama por escama,
desvestimos
la delicia
y comemos
la pacífica pasta
de su corazón verde.

cabbage head,
a bottle
of vinegar; is back
in her kitchen.
The artichoke drowns in a pot.

So you have it:
a vegetable, armed,
a profession
(call it an artichoke)
whose end
is millenial.
We taste of that
sweetness,
dismembering
scale after scale.
We eat of a halcyon paste:
it is green at the artichoke heart.

ODA AL NIÑO DE LA LIEBRE

A la luz del otoño
en el camino
el niño
levantaba en sus manos
no una flor
ni una lámpara
sino una liebre muerta.

Los motores rayaban
la carretera fría,
los rostros no miraban
detrás
de los cristales,
eran ojos
de hierro,
orejas
enemigas,
rápidos dientes
que relampagueaban
resbalando
hacia el mar y las ciudades,
y el niño
del otoño
con su liebre,
huraño
como un cardo,
duro
como una piedrecita,
allí
levantando
una mano
hacia la exhalación
de los viajeros.

BOY WITH A HARE

In fall light
and the highway,
a child
holding up in his hands
not lanterns
or petals
but the death of a hare.

Motorcars rake
the cold causeways.
Faces are glazed
under
windshields,
eyeballs
of metal
and inimical
ears,
teeth hurrying,
crackling their lightning,
sheering away to the sea and the cities;
and a child
with a hare
in the autumn,
shy
as a
thistle seed,
rigid
as flint,
lifting
his hand
to the
fumes
of the motorcade.

Nadie
se detenía.

Eran pardas
las altas cordilleras,
cerros
color de puma
perseguido,
morado
era
el silencio
y como
dos ascuas
de diamante
negro
eran
los ojos
del niño con su liebre,
dos puntas
erizadas
de cuchillo,
dos cuchillitos negros,
eran los ojos
del niño,
allí perdido
ofreciendo su liebre
en el inmenso
otoño
del camino.

Nobody
slackens.

It is tawny
up on the ridges,
on the summit,
the hues
of a puma, pursued.
The silence
goes
violet.
Like
cinders, black diamonds,
the eyes
of the child and the hare,
two
knife-points
upright
on a knifeblade,
two little black poniards,
the eyes
of a little child
lost,
who
proffers
the death of a hare
in the towering
fall
of the road.

ODA AL OLOR DE LA LEÑA

Tarde, con las estrellas
abiertas en el frío
abrí la puerta.
                    El mar
galopaba
en la noche.

Como una mano
de la casa oscura
salió el aroma
intenso
de la leña guardada.

Visible era el aroma
como
si el árbol
estuviera vivo.
Como si todavía palpitara.

Visible
como una vestidura.

Visible
como una rama rota.

Anduve
adentro
de la casa
rodeado
por aquella balsámica
oscuridad.
Afuera
las puntas

A SMELL OF CORDWOOD

Later, when stars
opened out to the cold,
I opened the door.
                    Night:
on an ocean
of galloping hooves.

Then from the dark
of the house, like a hand,
the savage
aroma
of wood on the woodpile.

An odor
that lives
like a tree,
a visible odor.
As if cordwood pulsed like a tree.

Vesture
made visible.

A visible
breaking of branches.

I turned back
to
the house
in the circle
of darkening
balsam.
Beyond,
a sparkle

del cielo cintilaban
como piedras magnéticas,
y el olor de la leña
me tocaba
el corazón
como unos dedos,
como un jazmín,
como algunos recuerdos.

No era el olor agudo
de los pinos,
no,
no era
la ruptura en la piel
del eucaliptus,
no eran
tampoco
los perfumes verdes
de la viña,
sino
algo más secreto,
porque aquella fragancia
una sola,
una sola
vez existía,
y allí, de todo lo que vi en el mundo,
en mi propia
casa, de noche, junto al mar de invierno,
allí estaba esperándome
el olor
de la rosa más profunda,
el corazón cortado de la tierra,
algo
que me invadió como una ola
desprendida
del tiempo

of motes in the sky,
like lodestones.
But the wood-smell
took hold of
my heart,
like a hand and its fingers,
like jasmine,
like a memory cherished.

Not harrowing
pine-odor,
not that way,
not slashed
eucalyptus,
not like
the green
exhalation
of arbors—
but
something more recondite,
a fragrance
that gives itself
once, and once
only,
among all things visible,
a world
or a house, a night
by the wintering water;
that awaited me there,
occult in the smell
of the rose,
an earth-heart plucked out,
dominion
that struck like a wave,
a sundered
duration,

y se perdió en mí mismo
cuando yo abrí la puerta
de la noche.

and was lost in my blood
when I opened the door
of the night.

ODA AL BUZO

Salió el hombre de goma
de los mares.

Sentado
parecía
rey
redondo
del agua,
pulpo
secreto
y gordo,
talle
tronchado
de invisible alga.

Del oceánico bote
bajaron
pescadores
harapientos,
morados
por la noche
en el océano,
bajaron
levantando
largos peces fosfóricos
como
fuego voltaico,
los erizos cayendo
amontonaron
sobre las arenas
el rencor quebradizo
de sus púas.

DIVER

The rubber man
rose from the sea.

Seated,
he seemed
like a globular
king
of the waters,
a bulbous
and secretive
cuttlefish,
the truncated
device
of invisible algae.

From their boats, in mid-ocean,
the fishermen
sink
in their rags,
blue
with the night
of the ocean:
around them arise
the great fish of phosphor,
a voltage
of fire,
they go under:
around them, the sea urchins
tumble, piling
the silt
with the splintering spite
of their hackles.

El hombre
submarino
sacó sus grandes piernas,
torpemente
tambaleó entre intestinos
horribles de pescado.
Las gaviotas cortaban
el aire libre con
sus veloces tijeras,
y el buzo
como un ebrio
caminaba
en la playa,
torpe
y hosco,
enfundado
no sólo
en su vestido de cetáceo,
sino aún
medio mar
y medio tierra,
sin saber cómo
dirigir los inmensos
pies de goma.

Allí estaba naciendo.
Se desprendió
del mar
como del útero,
inocente,
y era sombrío, débil
y salvaje,
como
un
recién
nacido.
Cada vez

The underseas
man
thrashes the breadth of his legs;
languidly
reels
in the horror of fish gut:
gulls
slash
the limitless air
with their hurrying scissors;
the diver
toils
through the sand
like a drunkard,
swarthy
and comatose,
locked
into his clothing, cetacean,
half-earthen,
half-ocean,
going nowhere,
inept
in the rubbery bulk
of his feet.

He goes on to his birth-throes.
The ocean
gives way
like a womb
to this innocent:
he floats sullen
and strengthless
and barbarous,
like
the
newly born.
Time after time

le tocaba
nacer
para las aguas
o la arena.
Cada día
bajando
de la proa
a las crueles
corrientes,
al frío
del Pacífico
chileno,
el buzo
tenía
que nacer,
hacerse
monstruo,
sombra
avanzar
con cautela,
aprender
a moverse
con lentitud
de luna
submarina,
tener
apenas
pensamientos
de agua,
recoger
los hostiles
frutos, estalactitas,
o tesoros
de la profunda soledad
de aquellos
mojados
cementerios,

he takes hold of the water, the sand,
and is
born again.
Submerging
each day
to the hold
of the pitiless
current,
Pacific and
Chilean
cold,
the diver
must practice
his
birth again,
make himself
monstrous
and tentative,
displace himself
fearfully,
grow wise
in his slothful
mobility, like
an underseas
moon.
Even
his thinking
must merge
with the water:
he harvests
inimical
fruits, stalactites,
treasures,
in the pit of a solitude
drenched
with the wash
of those graveyards—

como si recogiera
coliflores,
y cuando como un globo
de aire negro
subía
hacia
la luz, hacia
su Mercedes,
su Clara, su Rosaura,
era difícil
andar,
pensar, comer
de nuevo.
Todo
era comienzo
para
aquel hombre tan grande
todavía inconcluso,
tambaleante
entre la oscuridad
de dos abismos.

Como todas las cosas
que aprendí
en mi existencia,
viéndolas, conociendo,
aprendí que ser buzo
es un oficio
difícil? No!
Infinito.

as others
would turn up a cauliflower,
he comes up
to the light—
black air in a bubble—
to Mercedes,
Clara, Rosaura.
It is painful
to walk like a man again,
to think as a man thinks, to eat
again.
All
is beginning again
for
the bulking,
ambiguous man
staggering still
in the dark
of two different abysses.

This I know—
do I not?—
as I know my existence: all
things I have seen and considered.
The way of the diver
is hazardous? The vocation
is
infinite.

ODA AL LIMÓN

De aquellos azahares
desatados
por la luz de la luna,
de aquel
olor de amor
exasperado,
hundido en la fragancia,
salió
del limonero el amarillo,
desde su planetario
bajaron a la tierra los limones.

Tierna mercadería!
Se llenaron las costas,
los mercados,
de luz, de oro
silvestre,
y abrimos
dos mitades
de milagro,
ácido congelado
que corría
desde los hemisferios
de una estrella,
y el licor más profundo
de la naturaleza,
intransferible, vivo,
irreductible
nació de la frescura
del limón,
de su casa fragante,
de su ácida, secreta simetría.

A LEMON

Out of lemon flowers
loosed
on the moonlight, love's
lashed and insatiable
essences,
sodden with fragrance,
the lemon tree's yellow
emerges,
the lemons
move down
from the tree's planetarium.

Delicate merchandise!
The harbors are big with it—
bazaars
for the light and the
barbarous gold.
We open
the halves
of a miracle,
and a clotting of acids
brims
into the starry
divisions:
creation's
original juices,
irreducible, changeless,
alive:
so the freshness lives on
in a lemon,
in the sweet-smelling house of the rind,
the proportions, arcane and acerb.

En el limón cortaron
los cuchillos
una pequeña
catedral,
el ábside escondido
abrió a la luz los ácidos vitrales
y en gotas
resbalaron los topacios,
los altares,
la fresca arquitectura.

Así, cuando tu mano
empuña el hemisferio
del cortado
limón sobre tu plato
un universo de oro
derramaste,
una
copa amarilla
con milagros,
uno de los pezones olorosos
del pecho de la tierra,
el rayo de la luz que se hizo fruta,
el fuego diminuto de un planeta.

Cutting the lemon
the knife
leaves a little
cathedral:
alcoves unguessed by the eye
that open acidulous glass
to the light; topazes
riding the droplets,
altars,
aromatic façades.

So, while the hand
holds the cut of the lemon,
half a world
on a trencher,
the gold of the universe
wells
to your touch:
a cup yellow
with miracles,
a breast and a nipple
perfuming the earth;
a flashing made fruitage,
the diminutive fire of a planet.

ODA A LA PANTERA NEGRA

Hace treinta y un años,
no lo olvido,
en Singapore, la lluvia
caliente como sangre
caía
sobre
antiguos muros blancos
carcomidos
por la humedad que en ellos
dejó besos leprosos.
La multitud oscura
relucía
de pronto en un relámpago
los dientes
o los ojos
y el sol de hierro arriba
como
lanza implacable.

Vagué por calles inundadas
betel, las nueces rojas
elevándose
sobre
camas de hojas fragantes,
y el fruto *Dorian*
pudriéndose en la siesta bochornosa.

De pronto estuve
frente a una mirada
desde una jaula
en medio de la calle
dos círculos
de frío,
dos imanes,

BLACK PANTHERESS

Thirty-one years—
I haven't forgotten it:
In Singapore: a blood heat
of rain
on the mouldering white
of the walls
bitten
with wet
and the leprous kiss
of humidity:
the shadowy pack of the rain
that blazed suddenly back
and bared—in the lightning—
the teeth—
or the eyes—
the sun like implacable
iron,
a lance-point above me.

I loitered in alleyways drowning
in *betel*, red pods
aloft
on
the sweet-smelling leaf-bed,
the putrified fruit of the *Dorian*
in its sultry siesta.

And suddenly saw it;
the face in a cage
by my face,
midway in the street—
two circles
of cold,
two magnets,

dos electricidades enemigas,
dos ojos
que entraron en los míos
clavándome
a la tierra
y a la pared leprosa.
Vi entonces
el cuerpo que ondulaba
y era
sombra de terciopelo,
elástica pureza,
noche pura.
Bajo la negra piel
espolvoreados
apenas la irisaban
no supe bien
si rombos de topacio
o hexágonos de oro
que se traslucían
cuando
la presencia
delgada
se movía.
La pantera
pensando
y palpitando
era
una
reina
salvaje
en un cajón
en medio
de la calle
miserable.

electric antagonists,
two eyeballs
that drilled into mine
and bolted me there
by the ground
and the leprous stockade.
Saw
the surge of her body
that shaded
to velvet,
the flexing perfection—
darkness made perfect.
Then, in the night of that skin
the tentative sparkle began
like a pollen-fall:
a rhombus of topaz
or the gold of a hexagon
—how could I name it?—
a flashing transparency
as
the tapering
presence
displaced itself:
the pantheress
throbbing and thinking
its thoughts,
a
barbarous
queen
in
a box
midway
on the trash
of the street.

De la selva perdida
del engaño,
del espacio robado,
del agridulce olor
a ser humano
y casas polvorientas
ella
sólo expresaba
con ojos
minerales
su desprecio, su ira
quemadora,
y eran sus ojos
dos
sellos
impenetrables
que cerraban
hasta la eternidad
una puerta salvaje.

Anduvo
como el fuego, y, como el humo,
cuando cerró los ojos
se hizo invisible, inabarcable noche.

Out of wilderness wasted
by perfidy,
the plunder of space
and the bittersweet reek of the living,
to whatever was human
in the powdery houses
only
the panther
of mineral eye
declared
her contempt, in the heat
of her rage.
Her eyes
were
unbreakable
seals
timelessly slammed
on the door
of a jungle.

She walked
like a holocaust; and closing her eyes,
she touched the invisible, boundless as smoke,
and was one with the night.

ODA A LA JARDINERA

Sí, yo sabía que tus manos eran
el alhelí florido, la azucena
de plata:
algo que ver tenías
con el suelo,
con el florecimiento de la tierra,
pero,
cuando
te vi cavar, cavar,
apartar piedrecitas
y manejar raíces
supe de pronto,
agricultora mía,
que
no sólo
tus manos
sino tu corazón
eran de tierra,
que allí
estabas
haciendo
cosas tuyas,
tocando
puertas
húmedas
por donde
circulan
las
semillas.

Así, pues,
de una a otra
planta

GIRL GARDENING

Yes: I knew that your hands were
a blossoming clove and the silvery
lily:
your notable way
with a furrow
and the flowering marl;
but
when
I saw you delve deeper, dig under
to uncouple the cobble
and limber the roots,
I knew in a moment,
little husbandman,
your heartbeats
were earthen
no less
than your hands;
that there,
you were
shaping
a thing that was always
your own,
touching
the drench
of those doorways
through
which
whirl
the seeds.

So,
plant after plant,
each

recién
plantada,
con el rostro
manchado
por un beso
del barro,
ibas
y regresabas
floreciendo,
ibas
y de tu mano
el tallo
de la alstromeria
elevó su elegancia solitaria,
el jazmín
aderezó
la niebla de tu frente
con estrellas de aroma y de rocío

Todo
de ti crecía
penetrando
en la tierra
y haciéndose
inmediata
luz verde,
follaje y poderío.
Tú le comunicabas
tus semillas,
amada mía,
jardinera roja:
tu mano
se tuteaba
con la tierra
y era instantáneo
el claro crecimiento.

fresh
from the planting,
your face
stained
with the kiss
of the ooze,
your flowering
went out
and returned,
you went out
and the tube
of the Alstroemeria
there under your hands
raised its lonely and delicate
presence, the jasmine
devised
a cloud for your temples
starry with scent and the dew.

The whole
of you prospered,
piercing down
into earth,
greening
the light
like a thunderclap
in a massing of leafage and power.
You confided
your seedlings,
my darling,
little red husbandman;
your hand
fondled
the earth
and straightway
the growing was luminous.

Amor, así también
tu mano
de agua,
tu corazón de tierra,
dieron
fertilidad
y fuerza a mis canciones.
Tocas
mi pecho
mientras duermo
y los árboles brotan
de mi sueño.
Despierto, abro los ojos,
y has plantado
dentro de mí
asombradas estrellas
que suben
con mi canto.

Es así, jardinera:
nuestro amor
es
terrestre:
tu boca es planta de la luz, corola,
mi corazón trabaja en las raíces.

Even so,
your watery
fingers,
the dust of your heart,
bring us word
of fecundity, love,
and summon the strength of my songs.
Touching
my heart
while I sleep
trees bloom
on my dream.
I waken and widen my eyes,
and you plant
in my flesh
the darkening stars
that rise
in my song.

So it is, little husbandman:
our loves
are
terrestrial:
your mouth is a planting of lights, a corolla,
and my heart works below in the roots.

Navegaciones y regresos / Voyages
and Homecomings
(1959)

ODA A LAS COSAS ROTAS

Se van rompiendo cosas
en la casa
como empujadas por un invisible
quebrador voluntario:
no son las manos mías,
ni las tuyas,
no fueron las muchachas
de uña dura
y pasos de planeta:
no fue nada y nadie,
no fue el viento,
no fue el anaranjado mediodía,
ni la noche terrestre,
no fue ni la nariz ni el codo,
la creciente cadera,
el tobillo,
ni el aire:
se quebró el plato, se cayó la lámpara
se derrumbaron todos los floreros
uno por uno, aquel
en pleno octubre
colmado de escarlata,
fatigado por todas las violetas,
y otro vacío
rodó, rodó, rodó
por el invierno
hasta ser sólo harina
de florero,
recuerdo roto, polvo luminoso.

Y aquel reloj
cuyo sonido
era
la voz de nuestras vidas,

THINGS BREAKING

Things fall apart
in our houses,
as if jarred by the whim
of invisible ravagers:
not your hand
or mine,
or the girls
with the adamant fingernails
and the stride of the planets:
there is nothing to point to, no one
to blame—not the wind
or the tawny meridian
or terrestrial darkness;
no one with a nose or an elbow
or the lengthening span of a hip,
or a gust of the wind
or an ankle:
yet the crockery smashes, the lamp tumbles over,
the flowerpots totter
one after another
crowning the lapsing October
with crimson,
wan with their surfeit of violets,
others holding their emptiness in, circling
and circling and circling
the winter,
till the bowl with its blossoms
is gruel,
a keepsake in ruins, a luminous dust.

And the clockface
whose cadences
uttered
our lifetimes,

el secreto
hilo
de las semanas,
que una a una
ataba tantas horas
a la miel, al silencio,
a tantos nacimientos y trabajos,
aquel reloj también
cayó y vibraron
entre los vidrios rotos
sus delicadas vísceras azules,
su largo corazón
desenrollado.

La vida va moliendo
vidrios, gastando ropas,
haciendo añicos,
triturando
formas,
y lo que dura con el tiempo es como
isla o nave en el mar,
perecedero,
rodeado por los frágiles peligros,
por implacables aguas y amenazas.

Pongamos todo de una vez, relojes,
platos, copas talladas por el frío,
en un saco y llevemos
al mar nuestros tesoros:
que se derrumben nuestras posesiones
en un solo alarmante quebradero,
que suene como un río
lo que se quiebra
y que el mar reconstruya
con su largo trabajo de mareas

the secretive
thread
of the weeks,
one after another,
yoking the hours
to the honey and quietude,
the travails and births without end—
even the clock
plunges downward, the delicate blues
of its viscera
pulse in the splintering glass
and its great heart
springs open.

Life grinds
on the glasses and powders, wearing us threadbare,
smashing to smithereens,
pounding
the forms;
whatever is left of its passing abides
like a ship or a reef in the ocean,
and perishes there
in the circle of breakable hazard
ringed by the pitiless menace of waters.

Let us gather them, once and for all—the clocks
and the platters, cups carved in cold—
into a poke with them all and
down to the sea with our treasure!
There let our furniture smash
in the sinister shock of a breaker;
let the things that are broken
call out like a river
and the sea render back to us whole
in the might of its crosscurrents

tantas cosas inútiles
que nadie rompe
pero se rompieron.

all that we held of no worth,
the trumpery no hand has broken,
but still goes on breaking.

ODA AL PIANO

Estaba triste el piano
en el concierto,
olvidado en su frac sepulturero,
y luego abrió la boca,
su boca de ballena:
entró el pianista al piano
volando como un cuervo,
algo pasó como si cayera
una piedra
de plata
o una mano
a un estanque
escondido:
resbaló la dulzura
como la lluvia
sobre una campana,
cayó la luz al fondo
de una casa cerrada,
una esmeralda recorrió el abismo
y sonó el mar,
la noche,
las praderas,
la gota del rocío,
el altísimo trueno,
cantó la arquitectura de la rosa,
rodó el silencio al leche de la aurora.

Así nació la música
del piano que moría,
subió la vestidura
de la náyade
del catafalco

PIANO

Midway in the concert,
the piano grew pensive,
ignored in its gravedigger's frock coat;
but later it opened its mouth
—the jaws of leviathan:
the pianist then entered his piano
and deployed like a crow;
something happened, like a silvery
downfall
of pebbles
or a hand
in a pond,
unobserved:
a trickle of sweetness
like rain
on the smooth of a bell,
light fell
through the padlocks and bolts of a house,
to the depths,
an emerald crossed the abysses,
the sea gave its sound
the night
and the dews
and the meadows,
the steepest ascents of the thunderbolt,
the symmetrical rose sang aloud
and quietness circled the milk of the morning.

So melody grew
in a dying piano,
the naiad's
investiture
rose on the catafalque

y de su dentadura
hasta que en el olvido
cayó el piano, el pianista
y el concierto,
y todo fue sonido,
torrencial elemento,
sistema puro, claro campanario.

Entonces volvió el hombre
del árbol de la música.
Bajó volando como
cuervo perdido
o caballero loco:
cerró su boca de ballena el piano
y él anduvo hacia atrás,
hacia el silencio.

from a margin of teeth,
piano, pianist,
and concerto plunged downward, oblivious,
till all was sonority,
torrential beginnings,
consummate gradation, a bell tower's clarities.

Then the man in the tree
of his music came back to us.
He came down like
a blundering crow on its course
or a lunatic dandy:
the whale-mouth closed up
and the man walked away
to a silence.

ODA AL ELEFANTE

Espesa bestia pura,
San Elefante,
animal santo
del bosque sempiterno,
todo materia fuerte
fina
y equilibrada,
cuero
de
talabartería planetaria,
marfil
compacto, satinado,
sereno
como
la carne de la luna,
ojos mínimos
parar mirar, no para ser mirados,
y trompa
tocadora,
corneta
del contacto,
manguera
del
animal
gozoso
en
su
frescura,
máquina movediza,
teléfono del bosque,
y así
pasa tranquilo
y bamboleante

FROM : ELEPHANT

Gross innocent,
Saint Elephant,
blessed beast
of the perduring forests,
bulk of our palpable world
in its counterpoise,
mighty
and exquisite,
a saddlery's cosmos
in leather,
ivory
packed into satins
unmoved
like
the flesh of the moon,
minimal eyes
to observe, without being observed,
horn
virtuoso
and palpable
bugle,
animal
waterspout
elate
in
its
cleanliness
portable
engine
and telephone booth in a forest:
so
softly you go
in your swagger,

con su vieja envoltura,
con su ropaje
de árbol arrugado,
su pantalón
caído
y su colita.

No nos equivoquemos.
La dulce y grande bestia de la selva
no es el clown,
sino el padre
el padre en la luz verde,
es el antiguo
y puro
progenitor terrestre.

Total fecundación,
tantálica
codicia,
fornicación
y piel
mayoritaria,
costumbres
en la lluvia
rodearon
el reino
de los elefantes,
y fue
con sal
y sangre
la genérica guerra
en el silencio.

Las escamosas formas
el lagarto león,
el pez montaña,

with your aging caparison
in the wrinkle and pile
of a tree's regimentals,
your pants
at your ankles,
trailing your tail-end.

Make no mistake:
that endeared and enormous
sojourner of jungles is nobody's clown;
he is patriarch,
father of emerald lights,
the ancient
and innocent
sire of the universe.

All the fruits of the earth,
and the longings
of Tantalus,
the multitudinous
skin
and the ways of
the rain
have encompassed
the kingdom of
elephants;
with brine
and
with blood
they accomplished the war
of their species in silence.

The scale-bearing kind,
the lizards-turned-lion,
the fish in the mountains

el milodonto cíclope,
cayeron,
decayeron,
fueron fermento verde en el pantano,
tesoro
de las tórridas moscas
de escarabajos crueles.
Emergió el elefante
del miedo destronado.
Fue casi vegetal, oscura torre
del firmamento verde,
y de hojas dulces, miel
y agua de roca
se alimentó su estirpe . . .

and gargantuan ground sloth
succumbed
and decayed:
they
leavened the green of the bog,
a prize
for the sweltering fly
and the scarab's barbarity.
But the elephant rose
on the wreck of his fears—
almost a vegetable, a shadowy pylon
in his emerald heaven,
to suckle his young
on the sweet of the leaves, and the water
and honey of stone. . . .

Estravagario / Book of Vagaries
(1958)

LAS VIEJAS DEL OCÉANO

Al grave mar vienen las viejas
con anudados pañolones,
con frágiles pies quebradizos.

Se sientan solas en la orilla
sin cambiar de ojos ni de manos,
sin cambiar de nube o silencio.

El mar obsceno rompe y rasga,
desciende montes de trompetas,
sacude sus barbas de toro.

Las suaves señoras sentadas
como en un barco transparente
miran las olas terroristas.

Dónde irán y dónde estuvieron?
Vienen de todos los rincones,
vienen de nuestra propia vida.

Ahora tienen el océano,
el frío y ardiente vacío,
la soledad llena de llamas.

Vienen de todos los pasados,
de casas que fueron fragantes,
de crepúsculos quemados.

Miran o no miran el mar,
con el bastón escriben signos,
y borra el mar su caligrafía.

OLD WOMEN BY THE SEA

The old women come to the serious sea
with their withering shawls
and their fragile feet broken.

Alone on the beaches, they sit
without shifting their gaze or their hands
or the clouds or the quietness.

The ocean's obscenity shatters and slashes,
descends in a mountain of trumpets,
shakes a bullock's mustaches.

The matriarchs sit in their places, unmoved,
transparent, like ships on a sea,
observing the terrorist waves.

Where do they come from, where go to?
They move out of corners,
from the quick of our lives.

The ocean is theirs, now,
the vacancy, freezing and burning,
the solitude crowded with bonfires.

They move in the fullness of time
from the once-fragrant houses
and the char of the twilight.

They see and do not see the waters,
they write signs with their walking sticks,
and the sea blots their signatures.

Las viejas se van levantando
con sus frágiles pies de pájaro,
mientras las olas desbocadas
viajan desnudas en el viento.

Then the ancients move off
on frail bird's feet, upraised,
while a runaway surf
travels naked in the wind.

ESTACIÓN INMÓVIL

Quiero no saber ni soñar.
Quién puede enseñarme a no ser,
a vivir sin seguir viviendo?

Cómo continúa el agua?
Cuál es el cielo de las piedras?

Inmóvil, hasta que detengan
las migraciones su apogeo
y luego vuelen con sus flechas
hacia el archipiélago frío.

Inmóvil, con secreta vida
como una ciudad subterránea
para que resbalen los días
como gotas inabarcables:
nada se gasta ni se muere
hasta nuestra resurrección,
hasta regresar con los pasos
de la primavera enterrada,
de lo que yacía perdido,
inacabablemente inmóvil
y que ahora sube desde no ser
a ser una rama florida.

STATIONARY POINT

I would know nothing, dream nothing:
who will teach my non-being
how to be, without striving to be?

How can the water endure it?
What sky have the stones dreamed?

Immobile, until those migrations
delay at their apogee
and fly on their arrows
toward the cold archipelago.

Unmoved in its secretive life,
like an underground city,
so the days may glide down
like ungraspable dew:
nothing fails, or shall perish,
until we be born again,
until all that lay plundered
be restored with the tread
of the springtime we buried—
the unceasingly stilled, as it lifts
itself out of non-being, even now,
to be flowering bough.

PASTORAL

Voy copiando montañas, ríos, nubes,
saco mi pluma del bolsillo, anoto
un pájaro que sube
o una araña en su fábrica de seda,
no se me ocurre nada más: soy aire,
aire abierto, donde circula el trigo
y me conmueve un vuelo, la insegura
dirección de una hoja, el redondo
ojo de un pez inmóvil en el lago,
las estatuas que vuelan en las nubes,
las multiplicaciones de la lluvia.

No se me ocurre más que el transparente
estío, no canto más que el viento,
y así pasa la historia con su carro
recogiendo mortajas y medallas,
y pasa y yo no siento sino ríos,
me quedo solo con la primavera.

Pastor, pastor, no sabes
que te esperan?

Le sé, lo sé, pero aquí junto al agua,
mientras crepitan y arden las cigarras
aunque me esperen yo quiero esperarme,
yo también quiero verme,
quiero saber al fin cómo me siento,
y cuando llegue donde yo me espero,
voy a dormirme muerto de la risa.

PASTORAL

I go copying mountains and rivers and clouds:
I shake out my fountain pen, remark
on a bird flying upward
or a spider alive in his workshop of floss,
with no thought in my head; I am air,
I am limitless air where the wheat tosses,
and am moved by an impulse to fly, the uncertain
direction of leaves, the round
eye of the motionless fish in the cove,
statues that soar through the clouds,
the rain's multiplications.

I see only a summer's
transparency, I sing nothing but wind,
while history creaks on its carnival floats
hoarding medals and shrouds
and passes me by, and I stand by myself
in the spring, knowing nothing but rivers.

Shepherd-boy, shepherd-boy, don't you know
that they wait for you?

I know and I know it: but here by the water
in the crackle and flare of cicadas,
I must wait for myself, as they wait for me there:
I also would see myself coming
and know in the end how it feels to me
when I come to the place where I wait for my coming
and turn back to my sleep and die laughing.

V .

Sufro de aquel amigo que murió
y que era como yo buen carpintero.
Íbamos juntos por mesas y calles,
por guerras, por dolores y por piedras.
Cómo se le agrandaba la mirada
conmigo, era un fulgor aquel huesudo,
y su sonrisa me sirvió de pan,
nos dejamos de ver y V. se fué enterrando
hasta que lo obligaron a la tierra.

Desde entonces los mismos,
los que lo acorralaron mientras vivo
lo visten, lo sacuden,
lo condecoran, no lo dejan muerto,
y al pobre tan dormido
lo arman con sus espinas
y contra mí lo tiran, a matarme,
a ver quién mide más, mi pobre muerto
o yo, su hermano vivo.

Y ahora busco a quién contar las cosas
y no hay nadie que entienda estas miserias,
esta alimentación de la amargura:
hace falta uno grande,
y aquél ya no sonríe.
Ya se murió y no hallo a quién decirle
que no podrán, que no lograrán nada:
él, en el territorio de su muerte,
con sus obras cumplidas
y yo con mis trabajos
somos sólo dos pobres carpinteros
con derecho al honor entre nosotros,
con derecho a la muerte a la vida.

V.

I mourn a dead friend,*
like myself, a good carpenter.
We traveled the streets and plateaus, among battles
and boulders and sorrows together.
How he widened his gaze
for my sake: a bag-of-bones blazing!
His smile was my bread
till we moved out of range and he hollowed a place in the ground
and they hounded him into it.

Since that time it is they,
those who hunted him down while alive
who adorn him and prod him
and pin him with ribbons and give him no peace;
they arm him with brambles—
poor slumberer!—
and hurl him against me, to kill me,
to see who bulks the largest—my poor, murdered friend,
or his brother who goes in my name?

This thing must be spoken: I look for a listener
but see no one to fathom that wretchedness,
that banquet of bitterness:
a greatness is gone
that will never smile more.
He is dead in the eons, and no one will hear me,
nothing will come of it, nothing avails us;
for he, in the shire of his death,
his anguish accomplished,
and I with another employment,
are carpenters, poor carpenters only,
with a warrant of honor between us
and our titles to life and to death.

* The Peruvian poet (1892–1938), contemporary and friend of Neruda, Cesár
Vallejo. Died in exile, in Paris.

POBRES MUCHACHOS

Cómo cuesta en este planeta
amarnos con tranquilidad:
todo el mundo mira las sábanas,
todos molestan a tu amor.

Y se cuentan cosas terribles
de un hombre y de una mujer
que después de muchos trajines
y muchas consideraciones
hacen algo insustituíble,
se acuestan en una sola cama.

Yo me pregunto si las ranas
se vigilan y se estornudan,
si se susurran en las charcas
contra las ranas ilegales,
contra el placer de los batracios.
Yo me pregunto si los pájaros
tienen pájaros enemigos
y si el toro escucha a los bueyes
antes de verse con la vaca.

Ya los caminos tienen ojos,
los parques tienen policía,
son sigilosos los hoteles,
las ventanas anotan nombres,
se embarcan tropas y cañones
decididos contra el amor,
trabajan incesantemente
las gargantas y las orejas,
y un muchacho con su muchacha
se obligaron a florecer
volando en una bicicleta.

POOR FELLOWS

What it takes, on this planet,
to make love to each other in peace:
everyone pries under your sheets,
everyone interferes with your loving.

They say terrible things
about a man and a woman
who, after much milling about,
all sorts of compunctions,
do something unique—
they both lie with each other in one bed.

I ask myself whether frogs
are so furtive, or sneeze as they please,
whether they whisper to each other in
swamps about illegitimate frogs
or the joys of amphibious living.
I ask myself if birds
single out enemy birds
or bulls gossip with bullocks before
they go out in public with cows.

Even the roads have eyes,
and the parks their police,
hotels spy on their guests,
windows name names,
cannons and squadrons debark
on missions to liquidate love—
all those ears and those jaws
working incessantly,
till a man and his girl
have to race to their climax
full-tilt on a bicycle.

CABALLOS

Ví desde la ventana los caballos.

Fué en Berlín, en invierno. La luz
era sin luz, sin cielo el cielo.

El aire blanco como un pan mojado.

Y desde mi ventana un solitario circo
mordido por los dientes del invierno.

De pronto, conducidos por un hombre,
diez caballos salieron a la niebla.

Apenas ondularon al salir, como el fuego,
pero para mis ojos ocuparon el mundo
vacío hasta esa hora. Perfectos, encendidos,
eran como diez dioses de largas patas puras,
de crines parecidas al sueño de la sal.

Sus grupas eran mundos y naranjas.

Su color era miel, ámbar, incendio.

Sus cuellos eran torres
cortadas en la piedra del orgullo,
y a los ojos furiosos se asomaba
como una prisionera, la energía.

Y allí en silencio, en medio
del día, del invierno sucio y desordenado,
los caballos intensos eran la sangre,
el ritmo, el incitante tesoro de la vida.

HORSES

It was from a window I first saw the horses.

It was winter in Berlin: a light
with no light, a sky without sky.

The air white as a loaf of wet bread.

And there, by the window, bitten off
by the teeth of the winter, a deserted arena.

Then, all of a sudden, ten horses
led by a man, moved into the snow.

Their passing left hardly a ripple, like fire,
but they filled a whole universe
void to my eyes, until then. Ablaze
with perfection, they moved like ten gods, colossal
and grand in the hoof, with dreamy and elegant manes.

Their rumps were like planets or oranges.

Their color was honey and amber and fire.

Their necks were like pillars
carved in the stone of their arrogance,
and out of vehement eyes their energy
glared from within like a prisoner.

There, in the silence of midday
in a soiled and slovenly winter
the horses' intensity was rhythm
and blood, the importunate treasure of being.

Miré, miré y entonces reviví: sin saberlo
allí estaba la fuente, la danza de oro, el cielo,
el fuego que vivía en la belleza.

He olvidado el invierno de aquel Berlín oscuro.

No olvidaré la luz de los caballos.

I looked—looked till my whole force reawakened.
This was the innocent fountain, the dance in the gold,
the sky, the fire still alive in the beautiful.

I've forgotten the wintry gloom of Berlin.

I will never forget the light of the horses.

El pie del niño aún no sabe que es pie,
y quiere ser mariposa o manzana.

Pero luego los vidrios y las piedras,
las calles, las escaleras,
y los caminos de la tierra dura
van enseñando al pie que no puede volar,
que no puede ser fruto redondo en una rama.
El pie del niño entonces
fué derrotado, cayó
en la batalla,
fué prisionero,
condenado a vivir en un zapato.

Poco a poco sin luz
fué conociendo el mundo a su manera,
sin conocer el otro pie, encerrado
explorando la vida como un ciego.

Aquellas suaves uñas
de cuarzo, de racimo,
se endurecieron, se mudaron
en opaca substancia, en cuerno duro,
y los pequeños pétalos del niño
se aplastaron, se desequilibraron,
tomaron formas de reptil sin ojos,
cabezas triangulares de gusano.
Y luego encallecieron,
se cubrieron
con mínimos volcanes de la muerte,
inaceptables endurecimientos.

TO THE FOOT FROM ITS CHILD

The child's foot still doesn't know it's a foot,
it wants to be a butterfly or apple.

Later, the stones, bits and pieces of glass,
streets, stairways,
the packed earth of the road,
go on teaching the foot it can't fly,
can't be round as a fruit on a branch.
The child's foot,
defeated, went down
in battle,
a casualty
condemned to live in a shoe.

Little by little in the dark it began
to interpret the world after its fashion,
never knowing its other foot, still enclosed,
groping for life like a blind man.

Those toe-nails, glossy
as quartz, in a cluster,
hardened over, assumed
matter's opacity; tough as horn,
the child's little petals
flattened out, shifted their balance,
took the eyeless form of a reptile,
the triangular head of a worm.
They grew calluses,
covered themselves
with death's littlest volcanoes,
unwanted fossilization.

Pero este ciego anduvo
sin tregua, sin parar
hora tras hora,
el pie y el otro pie,
ahora de hombre
o de mujer,
arriba,
abajo,
por los campos, las minas,
los almacenes y los ministerios,
atrás,
afuera, adentro,
adelante,
este pie trabajó con su zapato,
apenas tuvo tiempo
de estar desnudo en el amor o el sueño,
caminó, caminaron
hasta que el hombre entero se detuvo.

Y entonces a la tierra
bajó y no supo nada,
porque allí todo y todo estaba oscuro,
no supo que había dejado de ser pie
si lo enterraban para que volara
o para que pudiera
ser manzana.

But the blind thing trudged on
without stopping or flinching,
hour after hour,
one foot after the other foot,
now a man's,
now a woman's,
above
or below,
crossing meadows and mines,
warehouses, offices—
forward and
back, inside
or ahead of itself,
the foot worked with its shoe,
hardly had time
to strip down for loving or sleeping,
it walked, they kept walking,
till the whole man dropped in his tracks.

Then it crawled
under the earth and knew nothing more,
since all things, all possible things, are shadowy there.
It never knew it had stopped being a foot—whether
they had buried it to teach it to fly,
or because one day it might
turn into an apple.

SUEÑOS DE TRENES

Estaban soñando los trenes
en la estación, indefensos,
sin locomotoras, dormidos.

Entré titubeando en la aurora:
anduve buscando secretos,
cosas perdidas en los vagones,
en el olor muerto del viaje.
Entre los cuerpos que partieron
me senté solo en el tren inmóvil.

Era compacto el aire, un bloque
de conversaciones caídas
y fugitivos desalientos.
Almas perdidas en los trenes
como llaves sin cerraduras
caídas bajo los asientos.

Pasajeras del Sur cargadas
de ramilletes y gallinas,
tal vez fueron asesinadas,
tal vez volvieron y lloraron,
tal vez gastaron los vagones
con el fuego de sus claveles:
tal vez yo viajo, estoy con ellas,
tal vez el vapor de los viajes,
los rieles mojados, tal vez
todo vive en el tren inmóvil
y yo un pasajero dormido
desdichadamente despierto.

Yo estuve sentado y el tren
andaba dentro de mi cuerpo,

A DREAM OF TRAINS

The trains were dreaming
in the station, locomotives uncoupled,
defenseless, asleep.

At dawn, I stumbled inside,
looking for secrets,
things lost in the coaches,
in the dead smells of the journey.
Among vanishing bodies, I alone
sat down in the motionless train.

The air clotted together in a block
of lapsed conversations,
and vagrant despondencies—
lost souls in compartments
like keys without locks
fallen under the seats.

Women enroute from the South
with chickens and bouquets of flowers—
murdered, perhaps; or perhaps
they had come back to weep,
or burn down the coaches
in a blaze of carnations;
or maybe I'm a traveler, one of the
party, and the steam of the journey,
the wet of the tracks, live on
in a motionless train; or perhaps
I'm only a passenger down on
his luck, between sleeping and waking.

There I was in my seat as the train
pushed into my body, smashed

aniquilando mis fronteras,
de pronto era el tren de la infancia,
el humo de la madrugada,
el verano alegre y amargo.
Eran otros trenes que huían,
carros repletos de dolores,
cargados como con asfalto,
y así corría el tren inmóvil
en la mañana que crecía
dolorosa sobre mis huesos.

Yo estaba solo en el tren solo,
pero no sólo estaba solo,
sino que muchas soledades
allí se habrán congregado
esperando para viajar
como pobres en los andenes.
Y yo en el tren como humo muerto
con tantos inasibles seres,
por tantas muertes agobiado
me sentí perdido en un viaje
en el que nada se movía,
sino mi corazón cansado.

past frontiers—and suddenly
it turned into the train of my childhood,
the smoke of the earliest dawn
and the bitter-sweet summer.
Other trains hurtled by,
box-cars loaded with sorrows
like a cargo of asphalt.
So the motionless train
sped into the morning, heaping
its grief on my bones.

I was alone in the loneliness
of the train; but more than
that, other solitudes had
gathered their baggage together,
waiting for passage
like the poor on the platforms.
And I in the train, a dead
smoke among improvident spirits,
bent under the burden of so
many deaths, felt lost in a journey
in which nothing else moved
but my own way-worn heart.

PARTENOGÉNESIS

Todos los que me daban consejos
están más locos cada día.
Por suerte no les hice caso
y se fueron a otra ciudad
en donde viven todos juntos
intercambiándose sombreros.

Eran sujetos estimables,
políticamente profundos,
y cada falta que yo hacía
les causaba tal sufrimiento
que encanecieron, se arrugaron,
dejaron de comer castañas,
y una otoñal melancolía
por fin los dejó delirantes.

Ahora yo no sé qué ser,
si olvidadizo o respetuoso,
si continuar aconsejado
o reprocharles su delirio:
no sirvo para independiente,
me pierdo entre tanto follaje,
y no sé si salir o entrar,
si caminar o detenerme,
si comprar gatos o tomates.

Voy a tratar de comprender
lo que no debo hacer y hacerlo,
y así poder justificar
los caminos que se me pierdan,
porque si yo no me equivoco
quién va a creer en mis errores?
Si continúo siendo sabio
nadie me va a tomar en cuenta.

PARTHENOGENESIS

Day by day, all those who gave
me advice get crazier and crazier.
Luckily, I paid no attention
and they took off for some other city
where they all live together
swapping hats with each other.

They were praiseworthy types,
politically astute,
so that all my ineptitudes
caused them great suffering:
They got gray-haired and wrinkled,
couldn't stomach their chestnuts,
and finally an autumnal depression
left them delirious.

Now I don't know which way to be—
absent-minded or respectful;
shall I yield to advice
or tell them outright they're hysterical?
Independence as such gets me nowhere,
I get lost in the underbrush,
I don't know if I'm coming or going.
Shall I move on or stand pat,
buy tom-cats or tomatoes?

I'll figure out as best I can
what I ought *not* to do—and then do it:
that way, I can make a good case
for the times I got lost on the way;
if I don't make mistakes
who'll have faith in my errors?
If I live like a savant
no one will be greatly impressed.

Pero trataré de cambiar:
voy a saludar con esmero,
voy a cuidar las apariencias
con dedicación y entusiasmo
hasta ser todo lo que quieran
que uno sea y que uno no sea,
hasta no ser sino los otros.

Y entonces si me dejan tranquilo
me voy a cambiar de persona,
voy a discrepar de pellejo,
y cuando ya tenga otra boca,
otros zapatos, otros ojos,
cuando ya sea diferente
y nadie pueda conocerme
seguiré haciendo lo mismo
porque no sé hacer otra cosa.

Well, I'll try to change for the better:
greet them all circumspectly,
watch out for appearances,
be dedicated, enthusiastic—
till I'm just what they ordered,
being and un-being at will
till I'm totally otherwise.

Then if they let me alone,
I'll change my whole person,
disagree with my skin,
get a new mouth,
change my shoes and my eyes—
then when I'm different
and nobody can recognize me
—since anything else is unthinkable—
I'll go on as I was in the beginning.

SUEÑO DE GATOS

Qué bonito duerme un gato
duerme con patas y peso,
duerme con sus crueles uñas,
y con su sangre sanguinaria,
duerme con todos los anillos
que como círculos quemados
construyeron la geología
de una cola color de arena.

Quisiera dormir como un gato
con todos los pelos del tiempo,
con la lengua del pedernal,
con el sexo seco del fuego
y después de no hablar con nadie,
tenderme sobre todo el mundo,
sobre las tejas y la tierra
intensamente dirigido
a cazar las ratas del sueño.

He visto cómo ondulaba,
durmiendo, el gato: corría
la noche en él como agua oscura,
y a veces se iba a caer,
se iba tal vez a despeñar
en los desnudos ventisqueros,
tal vez creció tanto durmiendo
como un bisabuelo de tigre
y saltaría en las tinieblas
tejados, nubes y volcanes.

Duerme, duerme, gato nocturno
con tus ceremonias de obispo,
y tu bigote de piedra:

CATNAP

How cunningly a cat sleeps,
sleeps in its whole heft and its paws,
sleeps with its cruel claws
and predatory blood,
sleeps with all its rings
blazing in circles
to shape the geology
of its sand-colored tail.

I want to sleep as a cat sleeps,
furred over in time,
with flint in its tongue
and its dry sex afire,
talking to nobody,
stretching my length on the length
of the world, over rooftops and clay,
single-hearted in purpose
to hunt down the rats of a dream.

I've seen a cat shimmer
while sleeping, seen night
invade it like a dark
water; at times it seemed poised for
a fall, at times ready to wade headlong
through naked drifts of the snow.
Other times it seemed to grow huge
as a tiger's great-grandfather,
to pounce, as it slept, in the dark, over
rooftops, clouds, and volcanoes.

Sleep, sleep, cat of the night,
in episcopal pomp
in your stony mustaches:

ordena todos nuestros sueños,
dirige la oscuridad
de nuestras dormidas proezas
con tu corazón sanguinario
y el largo cuello de tu cola.

preside over our dreams,
direct the obscurity
of our slumbering prowess
with your bloodthirsty heart
and the long nape of your tail.

POR BOCA CERRADA ENTRAN
LAS MOSCAS

Por qué con esas llamas rojas
se han dispuesto a arder los rubíes?

Por qué el corazón del topacio
tiene panales amarillos?

Por qué se divierte la rosa
cambiando el color de sus sueños?

Por qué se enfría la esmeralda
como una ahogada submarina?

Y por qué palidece el cielo
sobre las estrellas de Junio?

Dónde compra pintura fresca
la cola de la lagartija?

Dónde está el fuego subterráneo
que resucita los claveles?

De dónde saca la sal
esa mirada transparente?

Dónde durmieron los carbones
que se levantaron oscuros?

Y dónde, dónde compra el tigre
rayas de luto, rayas de oro?

Cuándo comenzó a conocer
la madreselva su perfume?

Why, with these red fires, are the rubies
ready to burst into flame?

Why is the heart of the topaz
yellow with honeycombs?

Why is it the rose's vagary
to change the color of its dreams?

Why did the emerald freeze
like a drowned submarine?

And why does the sky pale
in the starlight of June?

Where does the lizard buy
fresh paint for its tail?

Where is the subterranean fire
that revives the carnations?

Where does the salt get
that look of transparency?

Where did the coal sleep
before it woke to its darkness?

And where, where does the tiger buy
the stripes of its mourning, its markings of gold?

When did the honeysuckle first
sense its own perfume?

Cuándo se dió cuenta el pino
de su resultado oloroso?

Cuándo aprendieron los limones
la misma doctrina del sol?

Cuándo aprendió a volar el humo?

Cuándo conversan las raíces?

Cómo es el agua en las estrellas?
Por qué el escorpión envenena,
por qué el elefante es benigno?

En qué medita la tortuga?
Dónde se retira la sombra?
Qué canto repite la lluvia?
Dónde van a morir los pájaros?
Y por qué son verdes las hojas?

Es tan poco lo que sabemos
y tanto lo que presumimos
y tan lentamente aprendemos,
que preguntamos, y morimos.
Mejor guardemos orgullo
para la ciudad de los muertos
en el día de los difuntos
y allí cuando el viento recorra
los huecos de tu calavera
te revelará tanto enigma,
susurrándote la verdad
donde estuvieron tus orejas.

When did the pine take account
of its fragrant conclusion?

When did the lemons learn
the same creed as the sun?

When did smoke learn how to fly?

When do roots talk with each other?

How do stars get their water?
Why is the scorpion venomous
and the elephant benign?

What are the tortoise's thoughts?
To which point do the shadows withdraw?
What is the song of the rain's repetitions?
Where do birds go to die?
And why are leaves green?

What we know comes to so little,
what we presume is so much,
what we learn, so laborious,
we can only ask questions and die.
Better save all our pride
for the city of the dead
and the day of the carrion:
there, when the wind shifts
through the hollows of your skull
it will show you all manner of
enigmatical things, whispering truths in the
void where your ears used to be.

BALADA

Vuelve, me dijo una guitarra
cerca de Rancagua, en otoño.
Todos los álamos tenían
color y temblor de campana:
hacía frío y era redondo
el cielo sobre la tristeza.

Entró a la cantina un borracho
tambaleando bajo las uvas
que le llenaban el sombrero
y le salían por los ojos.
Tenía barro en los zapatos,
había pisado la estatua
del otoño y había aplastado
todas sus manos amarillas.

Yo nunca volví a las praderas.
Pero apenas suenan las horas
claudicantes y deshonradas,
cuando al corazón se le caen
los botones y la sonrisa,
cuando dejan de ser celestes
los numerales del olvido,
aquella guitarra me llama,
y ya ha pasado tanto tiempo
que ya tal vez no existe nada,
ni la pradera ni el otoño,
y yo llegaría de pronto
como un fantasma en el vacío
con el sombrero lleno de uvas
preguntando por la guitarra,
y como allí no habría nadie
nadie entendería nada
y yo volvería cerrando
aquella puerta que no existe.

BALLAD

Come back, a guitar told me,
near Rancagua, in autumn.
There, all the poplars had
the color and vibration of bells.
It got cold, and the sky
curved itself over our sadness.

A drunk entered a cantina,
staggering under the grapes
that brimmed from his hat
and spilled out of his eyes.
There was mud on his shoes, as though
he had trampled the whole
substance of autumn and crushed
out the gold of its fingers.

I never went back to those meadows.
Yet the hour never strikes
its dishonored and teetering stroke
but the buds and the smiles
scatter over my heart,
the oblivious numerals
surrender their sanctity
and the guitar calls to me again.
Much time has passed. Perhaps
nothing is left of that now—
neither autumn nor meadow.
I'd be back in an instant,
like a wraith in the emptiness,
with my hat full of grapes
asking for someone's guitar:
but since no one would be there
and no one would understand anything,
I'd find my way out again, closing
the door that no longer exists.

Cien sonetos de amor / A Hundred Love Sonnets
(1960)

XII

Plena mujer, manzana carnal, luna caliente,
espeso aroma de algas, lodo y luz machacados,
qué oscura claridad se abre entre tus columnas?
Qué antigua noche el hombre toca con sus sentidos?

Ay, amar es un viaje con agua y con estrellas,
con aire ahogado y bruscas tempestades de harina:
amar es un combate de relámpagos
y dos cuerpos por una sola miel derrotados.

Beso a beso recorro tu pequeño infinito,
tus márgenes, tus ríos, tus pueblos diminutos,
y el fuego genital transformado en delicia

corre por los delgados caminos de la sangre
hasta precipitarse como un clavel nocturno,
hasta ser y no ser sino un rayo en la sombra.

XXVII

Desnuda eres tan simple como una de tus manos,
lisa, terrestre, mínima, redonda, transparente,
tienes líneas de luna, caminos de manzana,
desnuda eres delgada como el trigo desnudo.

Desnuda eres azul como la noche en Cuba,
tienes enredaderas y estrellas en el pelo,
desnuda eres enorme y amarilla
como el verano en una iglesia de oro.

XII

Carnal apple, woman incarnate, incandescent moon,
seaweed's sodden aroma, the bog's, and the mash of the light—
what shadowy rigors open between your columns?
What primitive night is touched by a masculine nerve?

Ah, love is a voyage with water and a star,
in drowning air and squalls of precipitate bran;
love is a war of lights in the lightning flashes,
two bodies blasted in a single burst of honey.

Kiss after kiss, I recover your little infinitude,
rivers and shores, your body's diminutive clan,
the genital spark, made dear and delectable,

that races the delicate pathways of your blood,
breaks up from below in a gout of nocturnal carnations
unmaking and making itself, leaving only a glow in the dark.

XXVII

Naked, you are simple as a hand,
minimal, supple, earthy, transparent, round.
The lunar markings, the pathways through the apple,
are yours; naked, you are slender as the wheat.

The Cuban blue of midnight is your color,
naked, I trace stars and tendrils in your skin;
naked, you stand tawny and tremendous,
a summer's wholeness in cathedral gold.

Desnuda eres pequeña como una de tus uñas,
curva, sutil, rosada hasta que nace el día
y te metes en el subterráneo del mundo

como en un largo túnel de trajes de trabajos:
tu claridad se apaga, se viste, se deshoja
y otra vez vuelve a ser una mano desnuda.

XXIX

Vienes de la pobreza de las casas del Sur,
de las regiones duras con frío y terremoto
que cuando hasta sus dioses rodaron a la muerte
nos dieron la lección de la vida en la greda.

Eres un caballito de greda negra, un beso
de barro oscuro, amor, amapola de greda,
paloma del crepúsculo que voló en los caminos,
alcancía con lágrimas de nuestra pobre infancia.

Muchacha, has conservado tu corazón de pobre,
tus pies de pobre acostumbrados a las piedras,
tu boca que no siempre tuvo pan o delicia.

Eres del pobre Sur, de donde viene mi alma:
en su cielo tu madre sigue lavando ropa
con mi madre. Por eso te escogí, compañera.

Naked, you are tiny as your fingernail;
subtle and curved within the daybreak's pink
you thrust yourself into the subterranean world

a tunnel's length through our duress and clothing:
your clarity trims its flame, unfurls, or covers over,
and again you issue, naked as your hand.

XXIX

You come from the destitute South, from the house
of privation, regions made hard with the earthquake and cold
that gave us hard lessons in living in the chalk and the clay
while the gods whom they worshiped were spinning away to their
    death.

You are a little mare carved in black clay, a kiss
dusky with pitch, beloved, a clay poppy,
a pigeon of twilight that fluttered its way on the roads
and followed us into a childhood of want, with its tears.

You who always preserved your heart's poverty,
girl with the feet of the needy, accustomed to stones,
whose mouth was not always acquainted with sweetmeat and
    bread:

You come from the destitute South that once nurtured my soul;
in her heaven, your mother goes on washing clothes
with my mother. Therefore I have singled you out to be my
    companion.

XXXVIII

Tu casa suena como un tren a mediodía,
zumban las avispas, cantan las cacerolas,
la cascada enumera los hechos del rocío,
tu risa desarrolla su trino de palmera.

La luz azul del muro conversa con la piedra,
llega como un pastor silbando un telegrama
y entre las dos higueras de voz verde
Homero sube con zapatos sigilosos.

Sólo aquí la ciudad no tiene voz ni llanto,
ni sin fin, ni sonatas, ni labios, ni bocina
sino un discurso de cascada y de leones,

y tú que subes, cantas, corres, caminas, bajas,
plantas, coses, cocinas, clavas, escribes, vuelves,
o te has ido y se sabe que comenzó el invierno.

XXXVIII

Your house has the sound of a train in the afternoon:
a buzzing of wasps, a singing of casseroles;
the waterfall totals the sum of the dew's occupation,
and your laugh runs the trills of the palm tree's coloratura.

An azure light in the wall babbles on with the stone,
it comes with a whistle like a shepherd bringing telegrams;
between the double flame of the bonfire and the sounding green
Homer ascends on surreptitious sandals.

Only here can a city live without woe or vociferation,
uneternal, without bugles or lips or sonatas,
with only a dialog of lions and falling water,

while you move upward or down on the stairs, walking or running,
singing or planting, sewing or cooking or nailing things down,
writing, returning; or gone: when all the world says: It is winter.

LX

A ti te hiere aquel que quiso hacerme daño,
y el golpe del veneno contra mí dirigido
como por una red pasa entre mis trabajos
y en ti deja una mancha de óxido y desvelo.

No quiero ver, amor, en la luna florida
de tu frente cruzar el odio que me acecha.
No quiero que en tu sueño deje el rencor ajeno
olvidada su inútil corona de cuchillos.

Donde voy van detrás de mí pasos amargos,
donde río una mueca de horror copia mi cara,
donde canto la envidia maldice, ríe y roe.

Y es ésa, amor, la sombra que la vida me ha dado:
es un traje vacío que me sigue cojeando
como un espantapájaros de sonrisa sangrienta.

LXXVI

Diego Rivera con la paciencia del oso
buscaba la esmeralda del bosque en la pintura
o el bermellón, la flor súbita de la sangre,
recogía la luz del mundo en tu retrato.

Pintaba el imperioso traje de tu nariz,
la centella de tus pupilas desbocadas,
tus uñas que alimentan la envidia de la luna,
y en tu piel estival, tu boca de sandía.

EVENING

LX

Whoever intends me harm, lets your blood, too:
the poisonous blow directed against me,
falling across my labors like a net,
darkens your wincing flesh in its corrosion.

Under a flowering moon, beloved, may I never
see the odium of others lining your forehead,
remote or forgotten rancors ravage your sleep
with their useless crown of knives: I do not wish to see it.

Behind me as I move, the malevolent pass,
a grimacing horror copies my face if I laugh,
I sing among mockers and backbiters, cursed by the covetous.

This is my life, my darling, the cloud life has gathered me under,
the vacuous garment that limps at my heels as I go,
the scarecrow smiling his bloody smile among the crows.

LXXVI

Diego Rivera, with the patience of a bear,
hunted the emerald in the forest of his art,
the blood's spontaneous blossom of vermilion,
rifling a world of light to fix your likeness.

He painted the imperial drapery of your nose,
your pupils' opulent thunderbolt, the bosses
on your fingernails that widen the envious moon,
and there in the summer of your skin, your mouth like
    watermelons.

Te puso dos cabezas de volcán encendidas
por fuego, por amor, por estirpe araucana,
y sobre los dos rostros dorados de la greda

te cubrió con el casco de un incendio bravío
y allí secretamente quedaron enredados
mis ojos en su torre total: tu cabellera.

LXXVIII

No tengo nunca más, no tengo siempre. En la arena
la victoria dejó sus pies perdidos.
Soy un pobre hombre dispuesto a amar a sus semejantes.
No sé quién eres. Te amo. No doy, no vendo espinas.

Alguien sabrá tal vez que no tejí coronas
sangrientas, que combatí la burla,
y que en verdad llené la pleamar de mi alma.
Yo pagué la vileza con palomas.

Yo no tengo jamás porque distinto
fuí, soy, seré. Y en nombre
de mi cambiante amor proclamo la pureza.

La muerte es sólo piedra del olvido.
Te amo, beso en tu boca la alegría.
Traigamos leña. Haremos fuego en la montaña.

He painted you double-headed, each way a volcano kindled,
brilliant with passion and flame, your Araucanian kin;
and over the twofold faces and the clayey gold,

he covered your head in the helmet's hot emblazoning
tangled with secretive leafage, where my eyes
keep watch in the covert of their total tower: your hair.

LXXVIII

Never, forever . . . they do not concern me. Victory
leaves a vanishing footprint in the sand.
I live a bedeviled man, disposed, like any other,
to cherish my human affinities. Whoever you are, I love you.

The peddling and plaiting of thorns is not my concern, and many
    know
this. I am no weaver of bloody crowns. I fought with the frivolous
and the tide of my spirit runs full; and in sober earnest,
my detractors are paid in full with a volley of doves.

Never is no part of me; because I am I with
a difference: was, and will always be so; and I speak
for the pureness of things in the name of my love's
    metamorphoses.

Death is the stone into which our oblivion hardens.
I love you. I kiss happiness into your lips. Let us
gather up sticks for a fire. Let us kindle a fire on the mountains.

LXXXVI

Oh Cruz del Sur, oh trébol de fósforo fragante,
con cuatro besos hoy penetró tu hermosura
y atravesó la sombra y mi sombrero:
la luna iba redonda por el frío.

Entonces con mi amor, con mi amada, oh diamantes
de escarcha azul, serenidad del cielo,
espejo, apareciste y se llenó la noche
con tus cuatro bodegas temblorosas de vino.

Oh palpitante plata de pez pulido y puro,
cruz verde, perejil de la sombra radiante,
luciérnaga a la unidad del cielo condenada,

descansa en mí, cerremos tus ojos y los míos.
Por un minuto duerme con la noche del hombre.
Enciende en mí tus cuatro números constelados.

LXXXVII

Las tres aves del mar, tres rayos, tres tijeras,
cruzaron por el cielo frío hacia Antofagasta,
por eso quedó el aire tembloroso,
todo tembló como bandera herida.

Soledad, dame el signo de tu incesante origen,
el apenas camino de los pájaros crueles,
y la palpitación que sin duda precede
a la miel, a la música, al mar, al nacimiento.

(Soledad sostenida por un constante rostro
como una grave flor sin cesar extendida
hasta abarcar la pura muchedumbre del cielo.)

LXXXVI

Southern Cross, trefoil of aromatic phosphor,
today your beauty struck with its fourfold kiss, a bolt
driven into the darkness and out again through my hat,
while the moon widened its circumference in the cold.

My love and my beloved followed you there—diamonds
of frosty blue in the serenity of heaven,
looking glasses; you appeared and the night grew enormous:
four wine cellars in air, tremulous with wine.

Pure fish of space, quicksilver, incandescent,
green cross or parsley light in the dark,
firefly fixed in the singleness of heaven,

rest here with me, too, let us darken our eyelids together.
Sleep in the night of the human, for a passing minute only.
Blazon my body with your four zodiacal numbers.

LXXXVII

Three sea birds, three lightning flashes, three flying scissors
crossed the cold heavens toward Antofagasta:
that is what troubled the air, leaving everything tremulous,
that's why the universe shook like a banner in rags.

Solitude, give me a sign: show your perpetual origin,
the probable lanes through the air for the pitiless birds,
the pulsation that beats, incontestably, a moment before
the honey is spilt, or the music, the birth-breach, the ocean.

(That solitude poised in a face's eternity,
that saturnine flower incessantly spreading its petals,
till heaven's immaculate legions are closed in a span.)

Volaban alas frías del mar, del Archipiélago,
hacia la arena del Noroeste de Chile.
Y la noche cerró su celeste cerrojo.

XC

Pensé morir, sentí de cerca el frío,
y de cuanto viví sólo a ti te dejaba:
tu boca era mi día y mi noche terrestres
y tu piel la república fundada por mis besos.

En ese instante se terminaron los libros,
la amistad, los tesoros sin tregua acumulados,
la casa transparente que tú y yo construímos:
todo dejó de ser, menos tus ojos.

Porque el amor, mientras la vida nos acosa,
es simplemente una ola alta sobre las olas,
pero ay cuando la muerte viene a tocar la puerta

hay sólo tu mirada para tanto vacío,
sólo tu claridad para no seguir siendo,
sólo tu amor para cerrar la sombra.

Cold wings blowing in from the sea, from the ringed
Archipelago, northeast to the deserts of Chile.
The night turns its key in the lock and the zodiac closes.

XC

I dreamed that I died: that I felt the cold close to me;
and all that was left of my life was contained in your presence:
your mouth was the daylight and dark of my world,
your skin, the republic I shaped for myself with my kisses.

Straightway, the books of the world were all ended,
all friendships, all treasures restlessly cramming the vaults,
the diaphanous house that we built for a lifetime together—
all ceased to exist, till nothing remained but your eyes.

So long as we live, or as long as a lifetime's vexation,
love is a breaker thrown high on the breakers' successions;
but when death in its time chooses to pummel the doors—

Ay! there is only your face to fill up the vacancy,
only your clarity pressing back on the whole of non-being,
only your love, where the dark of the world closes in.

Las piedras de Chile / The Stones of Chile
(1960)

LA GRAN MESA DE PIEDRA DURA

A la mesa de piedra llegamos
los niños de Lota, de Quepe,
de Quitratúe, de Metrenco,
de Ranquilco, de Selva Oscura,
de Yumbel, de Yungay, de Osorno.

Nos sentamos junto a la mesa,
a la mesa fría del mundo,
y no nos trajo nadie nada,
todo se había terminado,
se lo habían comido todo.

Un solo plato está esperando
sobre la inmensa mesa dura,
del mundo y su vasto vacío:
y todavía un niño espera,
él es la verdad de los sueños,
él es la esperanza terrestre.

THE GREAT ROCK TABLE

We come to the stone table together
all the children of Lota and Quepe,
Quitratúe, Metrenco,
Ranquilco, the Dark Forest,
Yumbel, Yungay and Osorno.

We take our places at the table together,
the world's chilly trenchermen,
but no one comes forth with the feast:
the great supper is eaten
and the guests left no crumb on the stones.

One platter alone remains
on the table's tremendous opacity,
the infinite void and the world:
one child still waits for his portion,
the child that is truth in a dream
and the faith of the earth.

EL ARPA

Iba sola la música. No había pluma, pelo,
leche, humo, nombres, no era noche ni día,
sola entre los planetas naciendo del eclipse
la música temblaba como una vestidura.
De pronto el fuego, el frío cuajaron una gota
y plasmó el universo su extenso escaparate,
lava, ceniza hirsuta, resbaladiza aurora,
todo fué trasmigrando de dureza en dureza
y bajo la humedad recién celeste
estableció el diamante su helada simetría.
Entonces el sonido primordial,
la solitaria música del mundo
se congeló y cayó convertida en estrella,
en arpa, en cítara, en silencio, en piedra.

Por la costa de Chile, con frío, y en invierno,
cuando cae la lluvia lavando las semanas,
oíd: la soledad vuelve a ser música,
y no sé, me parece, que el aire, que la lluvia,
que el tiempo, algo con ola y alas,
pasa, crece. Y el arpa despierta del olvido.

THE HARP

Only the music moved. Milks, feathers, skins,
names and smoke—nothing else was, neither night
nor the day, as the planets emerged from the music's
eclipse to a rustle of music like drapery.
All at once hot and cold curdled into a drop,
the great press of the universe took form
in the lava, a mane in the ashes, dawn slithering down,
hardness transfigured itself into hardness
under the drizzle that once was a part of the sky,
as the diamond conceived its symmetrical frieze in the snow.
Sound grew primordial then,
a world's lonely music
congealing and plunging and trying its changes: the meteor's
shape, shapes of the harp and the zither, the silence, the stone.

Chile's great seaboard, frozen into its winter,
washes the weeks in the rain.
Listen: that solitude turning to music again
as all seems to widen and fail past my knowing—
air, time, and the rains, a thing in the waves and the feathers.
And oblivion wakes for the harp.

LA TORTUGA

La tortuga que
anduvo
tanto tiempo
y tanto vió
con
sus
antiguos
ojos,
la tortuga
que comió
aceitunas
del más profundo
mar,
la tortuga que nadó
siete siglos
y conoció
siete
mil
primaveras,
la tortuga
blindada
contra
el calor
y el frío,
contra
los rayos y las olas,
la tortuga
amarilla
y plateada,
con severos
lunares
ambarinos
y pies de rapiña,

THE TURTLE

The turtle
toiling forward
so long,
having seen so much
with
his
antediluvian
eyes:
the turtle,
munching
olives
where the ocean is
deepest:
the turtle that swam
seven centuries
and knew
seven
millennial
springs:
the turtle
hooded
against
hot
and cold,
against
comber and glitter:
the yellowing
turtle,
plated
with hard
moonmarks
of amber
and the feet of a predator:

la tortuga
se quedó
aquí
durmiendo,
y no lo sabe.
De tan vieja
se fué
poniendo dura,
dejó
de amar las olas
y fué rígida
como una plancha de planchar.
Cerró
los ojos que
tanto
mar, cielo, tiempo y tierra
desafiaron,
y se durmió
entre las otras
piedras.

the turtle
sleeps
now, having
come to a halt,
hardly aware of it.
Patriarch, long
hardening
into his time,
he grew
weary of waves
and stiffened himself
like a flatiron.
Having dared
so much
ocean and sky, time and terrain,
he let his eyes droop
and then slept,
a boulder
among other boulders.

En la peña desnuda
y en el pelo
aire
de piedra y ola.
Todo cambió de piel hora por hora.
La sal fué luz salada,
el mar abrió
sus nubes,
el cielo
despeñó su espuma verde:
como una flor
clavada en una
lanza de oro
el día resplandece:
todo
es
campana, copa,
vacío que se eleva,
corazón transparente,
piedra
y
agua.

In the stripped stone
and the hairs of my head
airs move
from the rock and the wave.
Hour after hour, that changing of skins,
the salt in the light's marination.
The sea opened
clouds,
the sky
flung its green spray:
day glitters
like a flower
driven into the gold
of a lance:
all
is a lifting of
bells, cups,
and vacancy,
the heart's whole transparency
in
the boulder,
the water.

Es así en esta costa.
De pronto, retorcidas,
acerbas, hacinadas,
estáticos
derrumbes
o tenaces teatros,
naves y galerías
o rodantes
muñones cercenados:
es así en esta costa
el lunar roquerío,
las uvas del granito.

Manchas anaranjadas
de óxido, vetas verdes,
sobre la paz calcárea
que golpea la espuma con sus llaves
o el alba con su rosa
y son así estas piedras:
nadie sabe
si salieron del mar o al mar regresan,
algo
las sorprendió
mientras vivían,
en la inmovilidad se desmayaron
y construyeron una ciudad muerta.

Una ciudad sin gritos,
sin cocinas,
un solemne recinto
de pureza,
formas puras caídas

It is thus, in the coastlands:
all suddenly caves in, turns contorted,
acerb, impacted,
or static;
heaves up in immutable theaters,
galleries, ships;
or wheels in a circle
of shorn amputations:
the way of the coastland is this:
grapes in the granite,
the moon's rockeries.

Rust stains the stone
orange, green seams
in the lodes of calcareous peace
batter the spray with their keys,
or the rose of the daybreak;
it is thus with the stones:
none can say
if they rise from the sea or return to it,
but the power
that startled the rocks
in the midst of existence
is certain: they fainted into immobility
and left a necropolis there.

A dead city without kitchens
or outcries,
the somber enclave
of their purity,
pure, fallen forms

en un desorden sin resurrecciones,
en una multitud que perdió la mirada,
en un gris monasterio condenado
a la verdad desnuda de sus dioses.

in a chaos beyond resurrection,
a multitude lost to all vision,
in cells of monastical gray, condemned
to the truth of their godhead laid bare.

EL CAMINANTE

No son tan tristes estas piedras.
Adentro de ellas vive el oro,
tienen semillas de planetas,
tienen campanas en el fondo,
guantes de hierro, matrimonios
del tiempo con las amatistas:
por dentro ríen con rubíes,
se alimentaron de relámpagos.

Por eso, viajero, cuidado
con las tristezas del camino,
con los misterios en los muros.

Me ha costado mucho saber
que no todo vive por fuera
y no todo muere por dentro,
y que la edad escribe letras
con agua y piedra para nadie,
para que nadie sepa dónde,
para que nadie entienda nada.

THE TRAVELER

The stones do not mope.
Within, lives the gold:
the seed-bearing planets
with bells in their depths,
gauntlets of iron, weddings
of time and the amethysts;
within is the laughter of rubies,
stones nurtured by lightning.

Traveler, beware: keep
a curious eye on the glooms of the highway,
the mysteries crowding the walls.

This I know at great cost:
all life is not outward,
nor is all death from within:
time writes in the ciphers
of water and rock for no one at all,
so that none may envision the sender
and no one be any the wiser.

Cantos ceremoniales / Ceremonial Songs
(1961)

VIII

Fin de fiesta . . . Es tiempo de agua,
se mueven los ríos subterráneos de Chile
y horadan el fondo fino de los volcanes,
atraviesan el cuarzo y el oro, acarrean silencio.
Son grandes aguas sagradas que apenas conoce el hombre,
se dice mar, se dice Cabo de Hornos,
pero este reino no tiene mancha humana,
le especie aquí no pudo implantar sus comercios,
sus motores, sus minas, sus banderas,
es libre el agua y se sacude sola,
se mueve y lava, lava,
lava piedras, arenas, utensilios, heridos,
no se consume como el fuego sangriento,
no se convierte en polvo ni en ceniza.

IX

La noche se parece al agua, lava el cielo,
entra en los sueños con un chorro agudo
la noche
tenaz, interrumpida y estrellada,
sola
barriendo los vestigios
de cada día muerto
en lo alto las insignias
de su estirpe nevada
y abajo
entre nosotros
la red de sus cordeles, sueño y sombra.

VIII

Party's end . . . This is the rainy season,
with the underground rivers of Chile on the move
drilling the delicate troughs of volcanoes,
piercing the quartz and the gold, moving the silences.
This is the mighty arcana of water barely known to us here;
though we speak of the sea and name it by name: Cape Horn:
the stain of mortality never mars its dominion,
we can never implant our transactions,
the mines, motors, flags of our species.
Open-ended, the water shakes itself free:
it moves while it cleanses and cleanses:
it cleanses the stone and the sand, our wounds and utensils.
It is never used up, like the bleeding away of the fire,
it does not turn to cinder and ash.

IX

Night and the water seem one; it washes the sky,
enters our dreams with the immediate burst of its presence,
night
doggedly there, interrupted and starry,
alone
as it sweeps off the leavings
of every dead day
with the snowy
device of its heraldry over us,
and under us,
between us,
the net with the knots of its cordage: shadow and dream.

De agua, de sueño, de verdad desnuda,
de piedra y sombra
somos o seremos,
y los nocturnos no tenemos luz,
bebemos noche pura,
en el reparto nos tocó la piedra
del horno cuando fuimos
a sacar el pan
sacamos sombra
y por la vida
fuimos
divididos:
nos partió la noche,
nos educó en mitades
y anduvimos
sin tregua, traspasados
por estrellas.

X

Los desgranados, los muertos de rostro tierno,
los que amamos, los que brillan
en el firmamento, en la multitud del silencio,
hicieron temblar la espiga con su muerte,
nos pareció morir, nos llevaban con ellos
y quedamos temblando en un hilo, sintiendo la amenaza,
y así siguió la espiga desgranándose
y el ciclo de las vidas continúa.

Pero, de pronto, faltan a la mesa
los más amados muertos, y esperamos,
y no esperamos, es así la muerte,
se va acercando a cada silla y luego
allá ya no se sienta la que amamos,
se murió con violín el pobre Alberto,
y se desploma el padre hacia el abuelo.

Water or dream, truth's nakedness,
shadow and stone—
we are these and continue to be:
our nocturnes say nothing of light,
we drink the pure darkness;
our lot was to stand by the stones
of the oven:
when we bent toward the bread with our paddles
we drew out the darkness
and were broken
into
our lives:
it was night that divided us,
taught us its wisdom by halves
till we walked
without faltering, pierced
by the light of the stars.

X

Those threshed out of life, the dead with the delicate faces,
whom we cherished, who burned
in the firmament in a multiple silence
and rippled the wheat with their dying:
the seemingly dead bore off a part of ourselves,
left us poised by a thread, aware of their menace,
while the wheat was flailed finer and finer
and the cycle of living resumed.

All at once, the most preciously dead
are gone from our table. We wait
without ever quite waiting, as one waits for the dead,
while she whom we cherished comes closer,
behind every chair, and will not take her place at the table.
Or unhappy Alberto, dead with his fiddle, there,
the fathers caved in on the grandfathers.

XI

Construyamos el día que se rompe,
no demos cuerda a cada hora sino
a la importante claridad, al día,
al día que llegó con sus naranjas.
Al fin de cuentas de tantos detalles
no quedará sino un papel
marchito, masticado, que rodará en la arena
y será por inviernos devorado.

Al fin de todo no se recuerda la hoja
del bosque, pero quedan
el olor y el temblor en la memoria:
de aquella selva aún vivo impregnado,
aún susurra en mis venas el follaje,
pero ya no recuerdo día ni hora:
los números, los años son infieles,
los meses se reúnen en un túnel tan largo
que Abril y Octubre suenan como dos piedras locas,
y en un solo canasto se juntan las manzanas,
en una sola red la plata del pescado,
mientras la noche corta con una espada fría
el resplandor de un día que de todas maneras
vuelve mañana, vuelve si volvemos.

XII

Espuma blanca, Marzo en la Isla, veo
trabajar ola y ola, quebrarse la blancura,
desbordar el océano de su insaciable copa,
el cielo estacionario dividido
por largos lentos vuelos de aves sacerdotales
y llega el amarillo,
cambia el color del mes, crece la barba
del otoño marino,
y yo me llamo Pablo,

XI

Let us build an expendable day
without winding the hours, counting
only the salient clarity—that day
of all days that came bearing oranges.
The columns close on the niggling particulars,
leaving their chewed scrap of paper
spinning off in the sand,
devoured by the winters.

Not a leaf in the forest
survives our recall, though its scent
and vibration stay in the memory:
in that forest I put forth my foliage
and carry its sigh in my veins
with no thought for the hour or the day.
The years and the numbers betray us:
month follows month in the vast of the tunnel,
October and April clash like two lunatic stones,
the apples rain into one basket,
the silvery catch in one net,
while night with a rapier's precision
cuts through day's splendor—the day
that is ours if we are there to retrieve it tomorrow.

XII

White spindrift, March on the Island, I see
wave work against wave and splinter the whiteness,
the ungratified cup of the ocean brimming over,
the immovable sky slowly
lengthen and part with the flight of pontifical birds.
We come upon yellow,
the month changes its color, the beard
of the watery autumn grows long.
but my name remains Pablo,

soy el mismo hasta ahora,
tengo amor, tengo dudas,
tengo deudas,
tengo el inmenso mar con empleados
que mueven ola y ola,
tengo tanta intemperie que visito
naciones no nacidas:
voy y vengo del mar y sus países,
conozco
los idiomas de la espina,
el diente del pez duro,
escalofrío de las latitudes,
la sangre del coral, la taciturna
noche de la ballena,
porque de tierra en tierra fui avanzando
estuarios, insufribles territorios,
y siempre regresé, no tuve paz:
qué podía decir sin mis raíces?

XIII

Qué podía decir sin tocar tierra?
A quién me dirigía sin la lluvia?
Por eso nunca estuve donde estuve
y no navegué más que de regreso
y de las catedrales no guardé
retrato ni cabellos: he tratado
de fundar piedra mía a plena mano,
con razón, sin razón, con desvarío,
con furia y equilibrio: a toda hora
toqué los territorios del león
y la torre intranquila de la abeja,
por eso cuando vi lo que ya había visto
y toqué tierra y lodo, piedra y espuma mía,
seres que reconocen mis pasos, mi palabra,
plantas ensortijadas que besaban mi boca,

I am just as I was,
with my doubts, with my debts,
with my loves,
having a whole sea to myself with its
personnel moving the waves,
pummeled by storms that blow me
toward nations still to be born:
I come and I go with the sea and the countries it grazes,
I know
the thorn's languages,
the bite of the obdurate fish,
the chill of the latitudes,
the blood in the coral, the taciturn
night of the whale.
I have pushed past the deltas, from country to country,
the unbearable wastes of the world,
and never found peace. I have always come back.
What can I say without roots?

XIII

What can I say without touching the earth with my hands?
To whom shall I turn without rain?
I have never set foot in the countries I lived in,
every port was a port of return:
I have no post cards, no keepsakes of hair
from important cathedrals: I have built what I could
out of natural stone, like a native, open-handed,
I have worked with my reason, unreason, my caprices,
my fury, and poise: hour after hour
I have touched the domains of the lion
and the turbulent tower of the bee:
having seen what there was to be seen,
having handled the clay and the loam, the spray and the rock,
with those who remember my footprints and words,
the tendrils of plants whose kisses remain on my mouth,

dije: "aquí estoy," me desnudé en la luz,
dejé caer las manos en el mar,
y cuando todo estaba transparente,
bajo la tierra, me quedé tranquilo.

I say: "Here is my place," stripping myself down in the light
and dropping my hands in the sea,
until all is transparent again
there under the earth, and my sleep can be tranquil.

XIII

Debajo de mis alas mojadas, hijos, dormid,
amarga población de la noche inestable,
chilenos perdidos en el terror, sin nombre,
sin zapatos, sin padre, ni madre, ni sabiduría:
ahora bajo la lluvia tenderemos
el poncho y a plena muerte, bajo mis alas,
a plena noche dormiremos para despertar;
es nuestro deber eterno la tierra enemiga,
nuestro deber es abrir las manos y ojos
y salir a contar lo que muere y lo que nace.
No hay infortunio que no reconstruya la aguja
cose que cose el tiempo como una costurera
coser un rosal rojo sobre las cicatrices
y ahora tenemos nuevas islas, volcanes,
nuevos ríos, océano recién nacido,
ahora seamos una vez más: existiremos,
pongámonos en la cara la única sonrisa que flotó sobre el agua,
recojamos el sombrero quemado y el apellido muerto,
vistámonos de nuevo de hombre y de mujer desnudos:
construyamos el muro, la puerta, la ciudad:
comencemos de nuevo el amor y al acero:
fundemos otra vez la patria temblorosa.

XIII

Under the wet of my wings sleep soundly, my children,
the bitter fraternity of one indeterminate night,
Chile's anonymous children lost in your terror,
fatherless, motherless, shoeless, wanting in cunning:
here under the rain let us spread out our poncho
and in full view of death, under my wings, in
night's total darkness, sleep till we waken again:
the enemy earth is our timeless indenture,
our employment, to open our hands and our eyes,
move out and reckon our losses and gains, our living and dead.
No disaster is proof against the replenishing needle;
however time works in the fabric, a sempstress sewing and sewing,
she will stitch a red rose tree over the cicatrices:
all will be new again: islands, volcanoes,
the river's invention, seas newly shaped out of chaos,
and our selves: let us make ourselves new again, come into
    existence
again, wear on our faces the primordial smile of the water.
Let us reach for our hats in the fire, and our dead appellations,
put on our garment of nakedness again, man and woman,
let us raise up the wall and the door and the city,
begin our loves over again, inaugurate steel:
let us make ready the beams of a tremulous heritage.

Plenos poderes / Full Powers
(1962)

Sólo el amor más viejo de la tierra
lava y peina la estatua de los niños,
endereza las piernas, las rodillas,
sube el agua, resbalan los jabones,
y el cuerpo puro sale a respirar
el aire de la flor y de la madre.

Oh vigilancia clara!
Oh dulce alevosía!
Oh tierna guerra!

Ya el pelo era un tortuoso
pelaje entrecruzado por carbones,
por aserrín y aceite,
por hollines, alambres y cangrejos,
hasta que la paciencia
del amor
estableció los cubos, las esponjas,
los peines, las toallas,
y de fregar y de peinar y de ámbar,
de antigua parsimonia y de jazmines
quedó más nuevo el niño todavía
y corrió de las manos de la madre
a montarse de nuevo en su ciclón,
a buscar lodo, aceite, orines, tinta,
a herirse y revolcarse entre las piedras.
Y así recién lavado salta el niño a vivir
porque más tarde sólo tendrá tiempo
para andar limpio, pero ya sin vida.

TO WASH A CHILD

Only the oldest love on the earth
can wash and comb the statue of children,
straighten the legs and the knees.
Water mounts, soaps slither,
and the pure body emerges to breathe
the air of the flowers and the mothers.

O cleanly solicitude!
Tender collusion!
Gentlest of wars!

First the hair was a tortuous
snarl crisscrossed by charcoal,
sawdust and oil,
soot, wiring, and crabs,
till love's
patience
established its buckets and sponges,
towels and combs,
and after much scrubbing and combing, amber
and jasmine, an ancient austerity,
the child issued newer than ever before,
ran from the hands of its mother
to straddle its cyclone again,
looking for mud, oil, urine, and ink,
to hurt itself and wallow at will on the stones.
Thus, newly washed, the child springs to life:
later there will only be time
to practice a habit of cleanliness and live lifelessly on.

ODA PARA PLANCHAR

La poesía es blanca:
sale del agua envuelta en gotas,
se arruga, y se amontona,
hay que extender la piel de este planeta,
hay que planchar el mar de su blancura
y van y van las manos,
se alisan las sagradas superficies
y así se hacen las cosas:
las manos hacen cada día el mundo,
se une el fuego al acero,
llegan el lino, el lienzo y el tocuyo
del combate de las lavanderías
y nace de la luz una paloma:
la castidad regresa de la espuma.

ODE ON IRONING

Poetry is white:
it comes out of the water covered with drops,
it wrinkles and piles up in heaps.
We must spread out the whole skin of this planet,
iron the white of the ocean:
the hands go on moving,
smoothing the sanctified surfaces,
bringing all things to pass.
Hands fashion each day of the world,
fire is wedded to steel,
the linens, the canvas, coarse cottons, emerge
from the wars of the washerwomen;
a dove is born from the light
and chastity rearises from the foam.

SUMARIO

Estoy contento con tantos deberes
que me impuse, en mi vida
se amasaron extraños materiales:
tiernos fantasmas que me despeinaban,
categóricas manos minerales,
un viento sin razón que me agitaba,
la espina de unos besos lacerantes, la dura realidad
de mis hermanos,
mi deber imperioso de vigía,
mi inclinación a ser sólo yo mismo
en la debilidad de mis placeres,
por eso—agua en la piedra—fué mi vida
cantando entre la dicha y la dureza.

SUMMATION

I am glad of the great obligations
I imposed on myself. In my life
many strange and material things have crowded together—
fragile wraiths that entangled me,
categorical mineral hands,
an irrational wind that dismayed me,
barbed kisses that scarred me, the hard reality
of my brothers,
my implacable vow to keep watchful,
my penchant for loneliness—to keep to myself
in the frailty of my personal whims.
That is why—water on stone—my whole life has
sung itself out between chance and austerity.

PARA TODOS

De pronto no puedo decirte
lo que yo te debo decir,
hombre, perdóname, sabrás
que aunque no escuches mis palabras
no me eché a llorar ni a dormir
y que contigo estoy sin verte
desde hace tiempo y hasta el fin.

Yo comprendo que muchos piensen,
y qué hace Pablo? Estoy aquí.
Si me buscas en esta calle
me encontrarás con mi violín
preparado para cantar
y para morir.

No es cuestión a nadie,
ni menos a aquellos, ni a ti,
y si escuchas bien, en la lluvia,
podrás oír
que vuelvo y voy y me detengo.
Y sabes que debo partir.

Si no se saben mis palabras
no dudes que soy el que fuí.
No hay silencio que no termine.
Cuando llegue el momento, espérame,
y que sepan todos que llego
a la calle, con mi violín.

FOR EVERYBODY

I can't suddenly tell you
all the things I should tell you—
pardon me, friend, you'll understand
that though you don't hear a word
I never burst into tears or dozed off,
but I am with you without ever seeing you,
time out of mind, till the end.

Many wonder, I know—
What's Pablo up to? I'm here.
If you look for me in the street
you'll find me there tuning
my fiddle, ready to sing
and to die.

No one need question that
—least of all, yourself and the others:
Sharpen your ears, and you'll
hear me, coming and going
and lingering out in the rain.
And you know I'll be leaving.

If the message hasn't come through—
never doubt that the man who is gone is myself.
No silence was ever interminable.
When the moment comes, wait for me; let
everyone know I've gone
out in the street, with my fiddle.

PLENOS PODERES

A puro sol escribo, a plena calle,
a pleno mar, en donde puedo canto,
sólo la noche errante me detiene
pero en su interrupción recojo espacio,
recojo sombra para mucho tiempo.

El trigo negro de la noche crece
mientras mis ojos miden la pradera
y así de sol a sol hago las llaves:
busco en la oscuridad las cerraduras
y voy abriendo al mar las puertas rotas
hasta llenar armarios con espuma.

Y no me canso de ir y de volver,
no me para la muerte con su piedra,
no me canso de ser y de no ser.

A veces me pregunto si de donde
si de padre o de madre o cordillera
heredé los deberes minerales,

los hilos de un océano encendido
y sé que sigo y sigo porque sigo
y canto porque canto y porque canto.

No tiene explicación lo que acontece
cuando cierro los ojos y circulo
como entre dos canales submarinos,
uno a morir me lleva en su ramaje
y el otro canta para que yo cante.

Así pues de no ser estoy compuesto
y como el mar asalta el arrecife
con cápsulas saladas de blancura

FULL POWERS

I write in broad sunlight, in the high-tide of the street
and the ocean, wherever it is that I sing:
only the wandering night can detain me,
but I gather up space in that interval
and store away shadow for time yet to come.

Night ripens its black harvest
as my eyes measure the meadow—
I ready the keys from one sun to another:
I feel in the dark for the locks,
I keep opening broken doors to the sea
till the wardrobes are crammed with its foam.

I never tire of coming and going,
death never closes my way with a stone,
I never weary of being and non-being.

Sometimes I ask myself: where did they come from—
was it father or mother or mountains
that left me these debts to the mineral kingdom,

these threads from a fiery sea?
All I know is: I keep moving, I move to be moving,
I sing because I sing because I sing.

Nothing explains what takes place
when my eyes close and I drift
as between two underseas channels:
one lifts me to die in its branches,
the other sings to enhance my own singing.

So it goes: I was shaped out of nullity,
like the sea battering away at a reef
with briny capsules of whiteness,

y retrata la piedra con la ola,
así lo que en la muerte me rodea
abre en mí la ventana de la vida
y en pleno paroxismo estoy durmiendo.
A plena luz camino por la sombra.

pulling the pebbles back with the waves.
However death works to circle me in,
something opens a window to life in me.
I sleep in the quick of a spasm.
In broad daylight, I walk through a shadow.

Memorial de Isla Negra / Black Island Memorial
(1964)

EL PADRE

El padre brusco vuelve
de sus trenes:
reconocimos
en la noche
el pito
de la locomotora
perforando la lluvia
con un aullido errante,
un lamento nocturno,
y luego
la puerta que temblaba;
el viento en una ráfaga
entraba con mi padre
y entre las dos pisadas y presiones
la casa
se sacudía,
las puertas asustadas
se golpeaban con seco
disparo de pistolas,
las escalas gemían
y una alta voz
recriminaba, hostil,
mientras la tempestuosa
sombra, la lluvia como catarata
despeñada en los techos
ahogaba poco a poco
el mundo
y no se oía nada más que el viento
peleando con la lluvia.

I : Where the rain begins

FATHER

The brusque father comes back
from his trains:
we could pick out
his train whistle
cutting the rain,
a locomotive's
nocturnal lament
an unplaceable howl
in the dark.
Later,
the door started trembling.
Wind entered
in gusts with my father;
and between the two advents, footfalls and tensions,
the house
staggered,
a panic of doorways
exploded with a dry
sound of pistols,
stairs groaned
and a shrill voice
nagged hatefully on
in the turbulent
dark. Rain
flooded the roof tops,
the world drowned
by degrees, there
was only the wind's sound
trading blows with the rain.

Sin embargo, era diurno.
Capitán de su tren, del alba fría,
y apenas despuntaba
el vago sol, allí estaba su barba,
sus banderas
verdes y rojas, listos los faroles,
el carbón de la máquina en su infierno,
la Estación con los trenes en la bruma
y su deber hacia la geografía.

El ferroviario es marinera en tierra
y en los pequeños puertos sin marina
—pueblos del bosque—el tren corre que corre
desenfrenando la naturaleza,
cumpliendo su navegación terrestre.
Cuando descansa el largo tren
se juntan los amigos,
entran, se abren las puertas de mi infancia,
la mesa se sacude,
al golpe de una mano ferroviaria
chocan los gruesos vasos del hermano
y destella
el fulgor
de los ojos del vino.

Mi pobre padre duro
allí estaba, en el eje de la vida,
la viril amistad, la copa llena.
Su vida fué una rápida milicia
y entre su madrugar y sus caminos,
entre llegar para salir corriendo,
un día con más lluvia que otros días
el conductor José del Carmen Reyes
subió al tren de la muerte y hasta ahora no ha vuelto.

Still, he was punctual.
Commanding his train in the freeze of the morning,
the sun barely
aloft in the sky, he was there with his beard
and his green and red
signal flags, lanterns ready,
the engine-coal blazing like hellfire,
the Station House showing coach after coach through the fog—
to settle his debt with geography.

Railroader, land-sailor
touching ports with no seacoasts
—whistle stops in the woods—the train races on
brakeless as nature
in its terrestrial voyage.
Not till it rests all
its length on the rails and friends greet
and come in, do the doors of my infancy open:
the table is shaken again
by a railroader's fist
knocking thick glass together, a brotherhood
glowing,
flashing sparks
from the eyes in the wine.

Poor, durable father,
there on the axle of life,
virile in friendships, your cup overflowing:
the whole of your life was a headlong militia;
between daybreaks and roadbeds,
comings and goings, you lived on the double.
Then, on the rainiest day of them all,
the conductor, José del Carmen Reyes,
boarded his death train and has not come back to us since.

EL NIÑO PERDIDO

Lenta infancia de donde
como de un pasto largo
crece el duro pistilo,
la madera del hombre.

Quién fuí? Qué fuí? Qué fuimos?

No hay respuesta. Pasamos.
No fuimos. Éramos. Otros pies,
otras manos, otros ojos.
Todo se fué mudando hoja por hoja
en el árbol. Y en ti? Cambió tu piel,
tu pelo, tu memoria. Aquel no fuiste.
Aquel fué un niño que pasó corriendo
detrás de un río, de una bicicleta,
y con el movimiento
se fué tu vida con aquel minuto.
La falsa identidad siguió tus pasos.
Día a Día las horas se amarraron,
pero tú ya no fuiste, vino el otro,
el otro tú, y el otro hasta que fuiste,
hasta que te sacaste
del propio pasajero,
del tren, de los vagones de la vida,
de la substitución, del caminante.

La máscara del niño fué cambiando,
adelgazó su condición doliente,
aquietó su cambiante poderío:
el esqueleto se mantuvo firme,
la construcción del hueso se mantuvo,
la sonrisa,
el paso, un gesto volador, el eco
de aquel niño desnudo

LITTLE BOY LOST

Slow childhood, a long
pasture for grazing, out of which
grows the hard pistil,
the fiber and wood of the man.

But who was I? What? What were we both?

Nothing answers me now: let it pass.
Being never was once: we went on being. Other feet,
other hands, other eyes.
All things in their passing kept changing, like leaf after leaf
on a tree. And in you? Your skin changed,
your hair and your memory: you were never that other.
That was a child loping by at a run,
a boy on a bicycle on the opposite side of the river,
in whose motion
your whole life passed by in the stress of a moment.
The fraud of identity followed your footsteps.
Day in, day out, hours joined in their sequences,
but none of them held you forever; it was that other
who came, that other you, biding his time till you went,
till you parted yourself
from that intimate bypasser,
from the wagons and trains of your life,
substitutions and wayfarers.

The child's mask kept changing,
his mournful occasions subsided,
he steadied his altering mastery:
his skeleton toughened,
the device of his bones was accomplished,
his smile,
his manner of walking, the fugitive gesture that echoed
the child running nakedly

que salió de un relámpago,
pero fué el crecimiento como un traje!
era otro el hombre y lo llevó prestado.

Así pasó conmigo.

De silvestre
llegué a ciudad, a gas, a rostros crueles
que midieron mi luz y mi estatura,
llegué a mujeres que en mí se buscaron
como si a mí se me hubieran perdido,
y así fué sucediendo
el hombre impuro,
hijo del hijo puro,
hasta que nada fué como había sido,
y de repente apareció en mis rostro
un rostro de extranjero
y era también yo mismo:
era yo que crecía,
eras tú que crecías,
era todo,
y cambiamos
y nunca más supimos quiénes éramos,
y a veces recordamos
al que vivió en nosotros
y le pedimos algo, tal vez que nos recuerde,
que sepa por lo menos que fuimos él, que hablamos
con su lengua.
pero desde las horas consumidas
aquél nos mira y no nos reconoce.

out of a lightning flash—
all that growth was cloth for a garment:
haberdashery loaned to that other!

Yes, it was that way.

From a wilderness world
I came to the city: into gases, into barbarous
faces that measured my light to my stature;
women who sought part of themselves in myself
as though they had lost me there—
all kept on happening,
one man impurely persisting,
son of the purely born son,
till nothing remained as it was.
Little by little, the face of a stranger
looked out of my face—
though my face remained changelessly there.
It was I who was growing there,
I and yourself,
it was you growing there,
all of us one,
all growing and changing
till no one could say who we were.
Sometimes we remember
the presence that lived with us,
there is something we want from him—that he remember us,
    maybe,
or know, at least, we were he and now talk
with his tongue;
but there in the rubbish of hours
he looks at us, acknowledging nothing.

Lago Budi, sombrío, pesada piedra oscura,
agua entre grandes bosques insepulta,
allí te abrías como puerta subterránea
cerca del solitario mar del fin del mundo.
Galopábamos por la infinita arena
junto a las millonarias espumas derramadas,
ni una casa, ni un hombre, ni un caballo,
sólo el tiempo pasaba y aquella orilla verde
y blanca, aquel océano.
Luego hacia las colinas y, de pronto,
el lago, al agua dura y escondida,
compacta luz, alhaja del anillo terrestre.
Un vuelo blanco y negro: los cisnes ahuyentaron
largos cuellos nocturnos, patas de cuero rojo,
y la nieve serena volando sobre el mundo.

Oh vuelo desde el agua equivalente,
mil cuerpos destinados a la inmóvil belleza
como la transparente permanencia del lago.
De pronto todo fué carrera sobre el agua,
movimiento, sonido, torres de luna llena,
y luego alas salvajes que desde el torbellino
se hicieron orden, vuelo, magnitud sacudida,
y luego ausencia, un temblor blanco en el vacío.

SWAN LAKE

Lake Budi, lackluster, the dark, weighted stone,
forest on forest, with unburied water between:
you opened for me like an underground door
near the sea's solitude, at the world's end.
We galloped the infinite sand
by the seaspray, the millionaire crashing of foam:
not a house, not a man or a horse—nothing
but time passing, the green-and-white
line of the sea-sand, the ocean.
We beat toward the hills; and all at once
the hard, hidden water was there, the lake
compact in a dazzle, the terrestrial ring with its jewel.
A black-and-white panic in air, the swans going up
on feet of red leather, their stretched necks nocturnal,
a halcyon snow soaring over the whole of a world.

O flight from the water's equivalence,
a thousand bodies in air, intent on the beautiful,
fixed like the lake in its orbit, transparent, unchangeable!
Till suddenly all hurtled forward, was uproar, unrest,
a melee on the waters, the towering full of the moon;
then barbarous wings in the whirlwind
turning all into order, tremulous magnitude, flying;
last of all, silence: a white perturbation of vacancy.

EL OPIO EN EL ESTE

Ya desde Singapore olía a opio.
El buen inglés sabía lo que hacía.
En Ginebra tronaba
contra los mercaderes clandestinos
y en las Colonias cada puerto
echaba un tufo de humo autorizado
con número oficial y licencia jugosa.
El gentleman oficial de Londres
vestido de impecable ruiseñor
(con pantalón rayado y almidón de armadura)
trinaba contra el vendedor de sombras,
pero aquí en el oriente
se desenmascaraba
y vendía el letargo en cada esquina.

Quise saber. Entré. Cada tarima
tenía su yacente,
nadie hablaba, nadie reía, creí
que fumaban en silencio.
Pero chasqueaba junto a mí la pipa
al cruzarse la llama con la aguja
y en esa aspiración de la tibieza
con el humo lechoso entraba al hombre
una estática dicha, alguna puerta lejos
se abría hacia un vacío suculento:
era el opio la flor de la pereza,
el goce inmóvil,
la pura actividad sin movimiento.

Todo era puro o parecía puro,
todo en aceite y gozne resbalaba

OPIUM IN THE EAST

From Singapore on, all smelled of opium.
The good folk of England know how to manage.
In Geneva they ranted
about an underground market in drugs
while every Colonial port smoked
in a pillar of authorized opium
stamped with a government number and a juicy entitlement.
The legitimate gentleman from London
impeccably dressed like a nightingale
(pin stripes on his cutaway, starched like an armament)
trilled about "shadow-merchants,"
but here in the East
he showed his true colors
and peddled his lethargies on every street corner.

I wanted to know. I went in. There were the ledges
with the addicts laid out,
nobody spoke, nobody laughed, all seemed
to be smoking in silence.
Then a pipe next to me crackled
as the needle point crossed with the flame:
a tepid well-being rose
with the milky effluvium, and the wraith
of his ecstasy blissfully entered the man, some faraway door
opened up on a succulent void:
the flower of the opium's sloth,
the immobilized joy
of pure act transcending all motion.

All turned to purity, or seemed to be made pure,
all slithered on hinges and oils

hasta llegar a ser sólo existencia,
no ardía nada, ni lloraba nadie,
no había espacio para los tormentos
y no había carbón para la cólera.
Miré: pobres caídos,
peones, coolies de ricksha o plantación,
desmedrados trotantes,
perros de calle,
pobres maltratados.
Aquí, después de heridos,
después de ser no seres sino pies,
después de no ser hombres sino brutos de carga,
después de andar y andar y sudar y sudar
y sudar sangre y ya no tener alma,
aquí estaban ahora,
solitarios,
tendidos,
los yacentes por fin, los pata dura:
cada uno con hambre había comprado
un oscuro derecho a la delicia,
y bajo la corola del letargo,
sueño o mentira, dicha o muerte, estaban
por fin en el reposo que busca toda vida,
respetados, por fin, en una estrella.

till the quick of existence was touched
and nothing was left for the flame, nobody mourned,
there was no room for agony,
no coal for the wrath of the world.
I saw them: poor, fallen creatures, all,
peons and coolies delivered from rickshaws and plantations,
trotters trodden to pieces,
street mongrels,
the injured and indigent.
Here, after bloodlettings,
after leg work devoid of all living, brute
beasts of burden
plodding and plodding and sweating and sweating,
sweating blood, deprived of their souls—
it was here they all came, in the end.
Prostrate
and alone,
stretched out to the length of their hard little hooves,
each came with his hunger and the price
to buy into the sweets of a shady prerogative—
all gathered under a torpor's corolla,
dream or delusion, good luck or disaster—this was
the peace that eluded their lifetime, at last, their
place in the world, under a star, in the end.

Allí en Rangoon comprendí que los dioses
eran tan enemigos como Dios
del pobre ser humano.
                Dioses
de alabastro tendidos
como ballenas blancas,
dioses dorados como las espigas,
dioses serpientes enroscados
al crimen de nacer,
budhas desnudos y elegantes
sonriendo en el coktail
de la vacía eternidad
como Cristo en su cruz horrible,
todos dispuestos a todo,
a imponernos su cielo,
todos con llagas o pistola
para comprar piedad o quemarnos la sangre,
dioses feroces del hombre
para esconder la cobardía,
y allí todo era así,
toda la tierra olía a cielo,
a mercadería celeste.

It came to me there in Rangoon—all gods
are our enemies, like the God
of our humbled humanity.
                      The gods
of the worked alabaster,
poised like white whales;
gods gilded like sheaves
or wreathed in the crime
of conception, like serpents;
the finical nudes of the Buddha
smiling into his cocktail
of eternal vacuity
like Christ on his odious cross—
each stopping at nothing, taking
the kingdom of heaven by force,
ready with pistol and ulcer
to purchase our piety or burn in our blood:
the gods of humanity, avid
to hide every cowardice.
It came to me there in Rangoon,
till the whole earth stank of heaven
and the heavenly junk turned to chattel.

AQUELLAS VIDAS

Éste soy, yo diré, para dejar
este pretexto escrito: ésta es mi vida.
Y ya se sabe que no se podía:
que en esta red no sólo el hilo cuenta,
sino el aire que escapa de las redes,
y todo lo demás era inasible:
el tiempo que corrió como una liebre
a través del rocío de Febrero
y más nos vale no hablar del amor
que se movía como una cadera
sin dejar donde estuvo tanto fuego
sino una cucharada de ceniza
y así con tantas cosas que volaban:
el hombre que esperó creyendo claro,
la mujer que vivió y que no vivirá,
todos pensaron que teniendo dientes,
teniendo pies y manos y alfabeto
era sólo cuestión de honor la vida.
Y éste sumó sus ojos a la historia,
agarró las victorias del pasado,
asumió para siempre la existencia
y sólo le sirvió para morir
la vida: el tiempo para no tenerlo.
Y la tierra al final para enterrarlo.

Pero aquello nació con tantos ojos
como planetas tiene el firmamento
y todo el fuego con que devoraba
la devoró sin tregua hasta dejarla.
Y si algo ví en mi vida fué una tarde
en la India, en las márgenes de un río:
arder una mujer de carne y hueso
y no sé si era el alma o era el humo

THOSE LIVES

"That's how I am," I'll say, leaving this
pretext in writing: "This is really my life."
But everyone knows that's not how it happens at all.
Not only the cords in the net, but the air
that escapes the interstices matters:
the rest remains as it was: inapprehensible.
Time races by like a hare
in the February dew.
As to love—love that unlimbers its haunches
leaving only a teaspoon of ashes
to say where the burning began—
the less said the better;
and the same for all mutable things: the man
who bided his time never doubting the outcome,
the woman who has lived out her time and will not come again—
all those who assume that, given the teeth in our head,
hands, feet and an alphabet,
life is only a matter of seeing things through with decorum.
One added the sum of his eyes and fixed it on history,
clutched the victorious past,
took perpetual being for his own
and devoted his whole life to
dying: emptied time of his living.
Earth was something to bury him with, in the end.

Yet that man was born with eyes
like the planets that fill the whole firmament.
The fires he summoned to devour the thing that he wanted
ate his lifetime away; he lived unappeased to the end.
But once in my life I saw plainly: one evening
in India; they were burning a woman
by the banks of a river, her bones and her body were burning:

lo que del sarcófago salía
hasta que no quedó mujer ni fuego
ni ataúd, ni ceniza: ya era tarde
y sólo noche y agua y sombra y río
allí permanecieron en la muerte.

I saw something move out of the burning sarcophagus
—call it smoke or a spirit—
till nothing was left of the fire or the woman
or the ash or the coffin. Evening had fallen.
There was night and the water, the dark
and the river, steadfast in that place and that dying.

AQUELLA LUZ

Esta luz de Ceylán me dió la vida,
me dió la muerte cuando yo vivía,
porque vivir adentro de un diamante
es solitaria escuela de enterrado,
es ser ave de pronto transparente,
araña que hila el cielo y se despide.

Esta luz de las islas me hizo daño,
me dejó para siempre circunspecto
como si el rayo de la miel remota
me sujetara al polvo de la tierra.

Llegué más extranjero que los pumas
y me alejé sin conocer a nadie
porque tal vez me trastornó los sesos
la luz occipital del paraíso.
(La luz que cae sobre el traje negro
y perfora la ropa y el decoro,
por eso desde entonces mi conflicto
es conservarme cada día desnudo.)

No entenderá tal vez el que no estuvo
tan lejos como yo para acercarse
ni tan perdido que ya parecía
un número nocturno de carbones.

Y entonces sólo pan y sólo luz.

Luz en el alma, luz en la cocina,
de noche luz y de mañana luz,
y luz entre las sábanas del sueño.
Hasta que amamantado de este modo
por la cruel claridad de mi destino

THAT LIGHT

The light in Ceylon that was life to me
was living death to me, too—for to live
in a diamond's intensity
is a lonely vocation for corpses:
a bird made diaphanous
suddenly, a spider webbing the sky, and then gone.

Stung by the light of those islands,
I keep circumspect always,
as though a beam of that faraway
honey might turn me to ash in a moment.

More remote than the puma,
I moved out of range, knowing nobody,
dreading the occipital light of a paradise
that might one day explode in my brain.
(Light that falls on black clothing,
pierces the cloth and the wearer's decorum,
so I try to keep for myself each
day's nakedness now.)

Those never so wholly alone
in themselves, will not understand this, or come closer;
nor so lost as I seemed to be then,
a carbonized number at midnight.

Since then, only bread and the light.

The soul's light, and the light of the kitchen,
night light and the light of the morning,
light under the sheets of a dream.
Suckled by light,
I live as I must

no tengo más remedio que vivir
entre desesperado y luminoso
sintiéndome tal vez desheredado
de aquellos reinos que no fueron míos.
Las redes que tiemblan en la luz
siguen saliendo claras del océano.

Toda la luz del tiempo permanece
y en su torre total el medio día.

Ahora todo me parece sombra.

in my destiny's ruthless lucidity,
between the luminous and the desperate halves,
disowned
by two kingdoms which never were mine.
The net cords that shake in the light
come up pure from the ocean.

The sheer light of time is here with us still,
midday in its consummate tower.

All turns to darkness, it seems to me now.

III: El cruel fuego

MAREAS

Crecí empapado en aguas naturales
como el molusco en fósforo marino:
en mí repercutía la sal rota
y mi propio esqueleto construía.
Cómo explicar, casi sin movimiento
de la respiración azul y amarga,
una a una las olas repitieron
lo que yo presentía y palpitaba
hasta que sal y zumo me formaron:
el desdén y el deseo de una ola,
el ritmo verde que en lo mas oculto
levantó un edificio transparente,
aquel secreto se mantuvo y luego
sentí que yo latía como aquello:
que mi canto crecía con el agua.

III : THE CRUEL FIRE

THE TIDES

Drenched in my natural waters, I came of age
like the mollusk in watery phosphor;
salts broke and rebounded in me,
contrived the device of my intimate skeleton.
How give it a name—something almost
unmoved in itself, in the blue, bitter breathing
that gave back to me, wave after wave,
my unique intimations; that pulsed
and then bodied me forth in the brine and the resin:
the disdain and desire of a wave,
green rhythm at the heart of a mystery
that raised a diaphanous mansion;
a secret reserved to itself that I later
sensed as my own, like a pulse beat made mine,
till my song came of age, with the water.

EL MAR

Necesito del mar porque me enseña:
no sé si aprendo música o conciencia:
no sé si es ola sola o ser profundo
o sólo ronca voz o deslumbrante
suposición de peces y navíos.
El hecho es que hasta cuando estoy dormido
de algún modo magnético circulo
en la universidad del oleaje.

No son sólo las conchas trituradas
como si algún planeta tembloroso
participara paulatina muerte,
no, del fragmento reconstruyo el día,
de una racha de sal la estalactita
y de una cucharada el dios inmenso.

Lo que antes me enseñó lo guardo! Es aire,
incesante viento, agua y arena.

Parece poco para el hombre joven
que aquí llegó a vivir con sus incendios,
y sin embargo el pulso que subía
y bajaba a su abismo,
el frío del azul que crepitaba,
el desmoronamiento de la estrella,
el tierno desplegarse de la ola
despilfarrando nieve con la espuma,
el poder quieto, allí, determinado
como un trono de piedra en lo profundo,
sustituyó el recinto en que crecían
tristeza terca, amontonando olvido,
y cambió bruscamente mi existencia:
di mi adhesión al puro movimiento.

THE SEA

I need an ocean to teach me:
whatever it is that I learn—music or consciousness,
the single wave in the sea, the abyss of my being,
the guttural rasp of my voice, or the blazing
presumption of fishes and navies—
so much is certain: even in sleep, as if
by the trick of a magnet, I spin on the circle
of wave upon wave of the sea, the sea's university.

More than the mash of the sea-conch, as though
worn by a planet's vibrations
that dies by degrees,
I salvage the day with a fragment,
restore the stalactite with a volley of salt
and spoon up a godhead's immensity.

And all that I learn is remembered. It is air,
it is sand, it is water, the interminable wind.

The young think it little,
coming to live here with their fires;
yet out of those recesses where a pulse once
ascended or sank to its void,
the crackle and freeze of the blue,
a star's granulation,
the tender deployment of waves
that squander their snow on the foam,
the reticent power, undeflectable,
a stone throne on the deep,
my wayward despondency, heaping oblivion higher,
turned, until suddenly all my existence was changed:
and I cling with the whole of my being to what is purest
    in movement.

EL CAZADOR EN EL BOSQUE

Al bosque mío entro con raíces,
con mi fecundidad: De dónde
vienes? me pregunta
una hoja verde y ancha como un mapa.
Yo no respondo. Allí
es húmedo el terreno
y mis botas se clavan, buscan algo,
golpean para que abran,
pero la tierra calla.

Callará hasta que yo comience a ser
sustancia muerta y viva, enredadera,
feroz tronco del árbol erizado
o copa temblorosa.

Calla la tierra para que no sepan
sus nombres diferentes, ni su extendido idioma,
calla porque trabaja
recibiendo y naciendo:
cuanto muere recoge
como una anciana hambrienta:
todo se pudre en ella,
hasta la sombra,
el rayo,
los duros esqueletos,
el agua, la ceniza,
todo se une al rocío,
a la negra llovizna
de la selva.

IV: The Root-Hunter

HUNTER IN THE FOREST

I enter my forest in my roots
and my plenitude: "Where
are you from?" a leaf
lavish and green as a map, asks me.
I have nothing to say. The clay
wets my boot soles and
clings: something is wanting: they
beat on the forest floor, as if
seeking an opening: but the earth remains silent.

Nothing will alter that stillness but
a changing of substances, my living and dying, a
climber alive on a tree trunk's ferocity, bristling
its tendrils, or a tremulous cup.

Earth remains silent: it will never
divulge all its names, or its gamut
of languages; receiving,
conceiving, it toils and says nothing:
whatever perishes, it takes
with a hag's hunger:
there all decomposes—
scintillation
and shadow,
the refractory skeleton,
cinder and water—
all join in a dewdrop
or the drizzle that blackens
the forest.

El mismo sol se pudre
y el oro interrumpido
que le arroja
cae en el saco de la selva y pronto
se fundió en la amalgama, se hizo harina,
y su contribución resplandeciente
se oxidó como un arma abandonada.
Vengo a buscar raíces,
las que hallaron
el alimento mineral del bosque,
la substancia
tenaz, el zinc sombrío,
el cobre venenoso.

Esa raíz debe nutrir mi sangre.

Otra encrespada, abajo,
es parte poderosa
del silencio,
se impone como paso de reptil:
avanza devorando,
toca el agua, la bebe,
y sube por el árbol
la orden secreta:
sombrío es el trabajo
para que las estrellas sean verdes.

Even the sun rots;
the extortionate gold
in the rock soon
falls into the pouch of the forest, turns
into an alloy, or dissolves into meal:
its flashing beneficence
rusts in a junkpile of armor.
Root-hunter, I come
searching for things
that nourish the ores of the forest,
all the obdurate
substances, the spleen in the zinc
and the poisonous copper.

In this root my blood prospers.

All the rest, braiding under me,
is the ponderous portion
of silence:
like the track of a reptile,
it lumbers ahead and devours
what it touches, it takes hold and it drinks up
the streams, it ascends in the tree
in its secret decorum: unseen,
the work of the earth remains somber,
that the stars may be green.

CITA DE INVIERNO

III

Quién no desea un alma dura?
Quién no se practicó en el alma un filo?
Cuando a poco de ver vimos el odio
y de empezar a andar nos tropezaron
y de querer amar nos desamaron
y sólo de tocar fuimos heridos,
quién no hizo algo por armar sus manos
y para subsistir hacerse duro
como el cuchillo, y devolver la herida?
El delicado pretendió aspereza,
el más tierno buscaba empuñadura,
el que sólo quería que lo amaran
con un tal vez, con la mitad de un beso,
pasó arrogante sin mirar a aquella
que lo esperaba abierta y desdichada:
no hubo nada que hacer: de calle en calle
se establecieron mercados de máscaras
y el mercader probaba a cada uno
un rostro de crepúsculo o de tigre,
de austero, de virtud, de antepasado,
hasta que terminó la luna llena
y en la noche sin luz fuimos iguales.

WINTER ENCOUNTER

III

Who does not hope for a perdurable heart
or hone the cold edge of his spirit?
With eyes barely opened, we see the world's hatred,
tottering into the world, we fall on our faces,
hoping for love, we find the world slack in its loving,
touching with tentative hands, we wince under our wounds:
knowing these things, who would not look to his weaponry,
temper himself for survival,
or live like a knife blade, returning one wound for another?
The finicky brazen it out with a show of bravado,
those with the tenderest skins reach for their scabbards,
while those who would settle for love,
midway in a kiss, with an arrogant
take-it-or-leave-it, pass the luckless and credulous
by, without once looking back.
So wags the world: up hill and down dale
they set up their tables and peddled their masquerades,
the pitchman was there with a different mask for each comer—
a crepuscular mask, or the face of a tiger, the masks
of austerity, piety, family pedigree—
till the full moon moved out of its quarter
and pitch-black in the darkness, we all looked the same.

EL PESCADOR

Con larga lanza el pescador desnudo
ataca al pez pegado al roquerío
el mar el aire el hombre están inmóviles
tal vez como una rosa la piedad
se abre al borde del agua y sube lenta
deteniendo en silencio la dureza
parece que uno a uno los minutos
se replegaron como un abanico
y el corazón del pescador desnudo
tranquilizó en el agua su latido
pero cuando la roca no miraba
y la ola olvidaba sus poderes
en el centro de aquel planeta mudo
se descargó el relámpago del hombre
contra la vida inmóvil de la piedra
clavó la lanza en la materia pura
el pez herido palpitó en la luz
cruel bandera del mar indiferente
mariposa de sal ensangrentada.

FISHERMAN

With the length of his lance the stripped fisherman
assaults the stricken fish in the rockery
man, ocean and air keep immobile
compassion it may be divides
like a rose on the waterline mounts slowly
draws into its silence the unbreakable world
moment for moment it may be
all unfolds like a fan
the nude fisherman's heart
steadies its beat in the sea and is tranquil
when everything alters the rock looks toward nothing
the breaker forgets its ferocity
and the bolt in the fist of the man
is aimed at a stilled planet's center
strikes the immovable life of the stone
sinks a lance in primordial matter
the hurt fish shudder in radiance
ocean's unpitying flag indifferent now
a butterfly in a bloodbath of salt.

V: SONATA CRITICA

LA MEMORIA

Tengo que acordarme de todo,
recoger las briznas, los hilos
del acontecer harapiento
y metro a metro las moradas,
los largos caminos del tren,
la superficie del dolor.

Si se me extravía un rosal
y confundo noche con liebre
o bien se me desmoronó
todo un muro de la memoria
tengo que hacer de nuevo el aire,
el vapor, la tierra, las hojas,
el pelo y también los ladrillos,
las espinas que me clavaron,
la velocidad de la fuga.

Tengan piedad para el poeta.

Siempre olvidé con avidez
y en aquellas manos que tuve
sólo cabían inasibles
cosas que no se tocaban,
que se podían comparar
sólo cuando ya no existían.

Era el humo como un aroma,
era el aroma como el humo,
la piel de un cuerpo que dormía
y que despertó con mis besos,
pero no me pidan la fecha

V : Critical Sonata

MEMORY

All must be remembered:
a turning wind, the threads
in the threadbare event must be gathered,
yard after yard of all we inhabited,
the train's long trajectory,
and the trappings of sorrow.

Should a rosebush be lost
or a hare be confused with the night,
should the pillars of memory
topple out of my reach,
I must remake the air,
the steam and the soil and the leaves,
my skin and the bricks in the wall,
the thorn in my flesh
and the haste of my flight.

Pity the poor poet!

I was always an avid forgetter:
in my two human hands
only the untouchable things of the world
live unscathed,
and the power of comparison required
nothing less than their total destruction.

Smoke came like a smell,
and smell passed like a smoke,
the skin of a body asleep
that woke to my kisses:
no one asked for the date

ni el nombre de lo que soñé,
ni puedo medir el camino
que tal vez no tiene país
o aquella verdad que cambió
que tal vez se apagó de día
y fué luego luz errante
como en la noche una luciérnaga.

or the name of my dream;
I am powerless to measure the road
that leads to no country, perhaps,
or the truth's pure mutation
that might blow itself out in the daylight
or afterward change to the glow
of a firefly's vagary at night.

LA VERDAD

Os amo idealismo y realismo,
como agua y piedra
sois
partes del mundo,
luz y raíz del árbol de la vida.

No me cierren los ojos
aún después de muerto,
los necesitaré aún para aprender,
para mirar y comprender mi muerte.

Necesita mi boca
para cantar después, cuando no exista.
Y mi alma y mis manos y mi cuerpo
para seguirte amando, amada mía.

Sé que no puede ser, pero esto quise.

Amo lo que no tiene sino sueños.

Tengo un jardín de flores que no existen.

Soy decididamente triangular.

Aún echo de menos mis orejas,
pero las enrollé para dejarlas
en un puerto fluvial del interior
de la República de Malagueta.

No puedo más con la razón al hombro.

Quiero inventar el mar de cada día.

THE TRUTH

Realism, idealism: how I dote on you both,
like water and rock,
both
parts of my world,
light and the tree of life packing its roots underground.

And I pray that my eyes never shut,
even for death:
I who need all my vision to learn,
see at first hand, and interpret my dying.

Need my mouth
to sing in the aftermath when the mouth comes to nothing:
my body as well as my soul, and the arms
that replenish our loving, beloved, as before.

All of it hopeless, I know—but I dote on it still.

Whatever has whittled itself down to a dream.

A garden I tend whose blossom never existed.

I keep steadfastly triangular.

Needing ears,
I tighten the whorls of my hearing and leave them
upriver somewhere in the deepest interior
of Free Malagueta.

So much for notional man and his burdens.

I would rather invent the sea's dailiness.

Vino una vez a verme
un gran pintor que pintaba soldados.
Todos eran heroicos y el buen hombre
los pintaba en el campo de batalla
muriéndose de gusto.

También pintaba vacas realistas
y eran tan extremadamente vacas
que uno se iba poniendo melancólico
y dispuestos a rumiar eternamente.

Execración y horror! Leí novelas
interminablemente bondadosas
y tantos versos sobre
el Primero de Mayo
que ahora escribo sólo sobre el 2 de ese mes.

Parece ser que el hombre
atropella el paisaje
y ya la carretera que antes tenía cielo
ahora nos agobia
con su empecinamiento comercial.

Así suele pasar con la belleza
como si no quisiéramos comprarla
y la empaquetan a su gusto y modo.

Hay que dejar que baile la belleza
con los galanes más inaceptables,
entre el día y la noche:
no la obliguemos a tomar la píldora
de la verdad como una medicina.

Y lo real? También, sin duda alguna,
pero que nos aumente,

I'd a friend, a fine painter,
a painter of soldiers,
heroical, all of them—or so it appeared
on the good fellow's canvas: all expiring
on battlefields, and expiring with unction.

He could paint representational cows
when he chose, the cow-in-itself, so wholly rendered as cow
that one sickened of long rumination,
a ruminant pondering eternity.

Hell and damnation! The novels I've read—
the endless amenities from cover to cover!
And the verses
invoking the May Day!
(I postdate my own May the Second.)

Put it this way: we have
muddied our landscapes,
and the highways that led to the sky
bear down on us all
with the wastes of a spoiling commodity.

The beautiful passes,
bereft, as if all the bidders were gone
and only a bundle, stylishly packaged to order, were left us.

Yet beauty must stay for the dance
and dance with the least of her wooers
from midnight to dawn.
Nor will any compel her to drink down the real like a doctor's
    prescription
or swallow it whole, like a pill.

The real? It is there,
never doubt it—the power of the real to augment

que nos alargue, que nos haga fríos,
que nos redacte
tanto el orden del pan como el del alma.

A susurrar! ordeno
al bosque puro,
a que diga en secreto su secreto
y a la verdad: No te detengas tanto
que te endurezcas hasta la mentira.

No soy rector de nada, no dirijo,
y por eso atesoro
las equivocaciones de mi canto.

and enlarge us, to make our teeth chatter,
still able to write on the card of our hunger
an order of bread and an order of soul for the table.

Whisper it out! I say
to the virginal forest:
speak your secret in secret;
and to truth: never withhold what you know
lest you harden the truth in a lie.

I am no one's establishment, I administer
nothing: it suffices to cherish
the equivocal cut of my song.

La barcarola / Barcarole
(1967)

COMIENZA LA BARCAROLA

1. Los amantes de Capri

La isla sostiene en su centro el alma como una moneda
que el tiempo y el viento limpiaron dejándola pura
como almendra intacta y agreste cortada en la piel del zafiro
y allí nuestro amor fué la torre invisible que tiembla en el humo,
el orbe vacío detuvo su cola estrellada y la red con los peces del
    cielo
porque los amantes de Capri cerraron los ojos y un ronco
    relámpago clavó en el silbante circuito marino
al miedo que huyó desangrándose y herido de muerte
como la amenaza de un pez espantoso por súbito arpón derrotado:
y luego en la miel oceánica navega la estatua de proa,
desnuda, enlazada por el incitante ciclón masculino.

2. Descripción de Capri

La viña en la roca, las grietas del musgo, los muros que enredan
las enredaderas, los plintos de flor y de piedra:
la isla es la cítara que fue colocada en la altura sonora
y cuerda por cuerda la luz ensayó desde el día remoto
su voz, el color de las letras del día,
y de su fragante recinto volaba la aurora
derribando el rocío y abriendo los ojos de Europa.

THE BARCAROLE BEGINS

1. The Lovers of Capri

The island hoards at its center the spirit of lovers, like a coin
scoured by wind and time's passing, to its integral burnish,
intact and uncouth as an almond, cut into the sapphire's patina;
there the invisible tower of our love trembled up through the
    smoke,
a blank comet steadied its tails in the zodiac, like a netful of fish
in the sky: because the eyes of the lovers of Capri were closed, a
    hoarse bolt of light had pinned down the ocean's whistling
    periphery,
all fear fled away, tracking blood in the wake
of the menace, a sudden harpoon in the side of the seabeast of
    chaos, a deathblow;
and at last, in ambrosial salt, the figurehead parted the wave, a
swimmer of nakedness, rapt in its masculine cyclone, and
    wreathed.

2. Description of Capri

The vine in the rock, fissures cut into musk, the walls laced with
    the web of the
climber, the plinths in the stone and the flowers: the whole
island waits like the frets of a zither in the sonorous altitudes,
light moving wire over wire, improvising through daylight and
    distance
the sound of its voice, the alphabet colors of daylight
from whose fragrant enclaves dawn lifts itself skyward
and flies, dropping dew on a world and opening the eyes of all
    Europe.

3. Los barcos

Como en el mercado se tiran al saco carbón y cebollas,
alcohol, parafina, papas, zanahorias, chuletas, aceite, naranjas,
el barco es el vago desorden en donde cayeron
melifluas robustas, hambrientos tahures, popés, mercaderes:
a veces deciden mirar el océano que se ha detenido
como un queso azul que amenaza con ojos espesos
y el terror de lo inmóvil penetra en la frente de los pasajeros:
cada hombre desea gastar los zapatos, los pies y los huesos,
moverse en su horrible infinito hasta que ya no exista.
Termina el peligro, la nave circula en el agua del círculo,
y lejos asoman las torres de plata de Montevideo.

4. El canto

La torre del pan, la estructura que el arco construye en la altura
con la melodía elevando su fértil firmeza
y el pétalo duro del canto creciendo en la rosa,
así tu presencia y tu ausencia y el peso de tu cabellera,
el fresco calor de tu cuerpo de avena en la cama,
la piel victoriosa que tu primavera dispuso al costado
de mi corazón que golpeaba en la piedra del muro,
el firme contacto de trigo y de oro de tus asoledas caderas,
tu voz derramando dulzura salvaje como una cascada,
tu boca que amó la presión de mis besos tardíos,
fué como si el día y la noche cortaran su nudo mostrando
    entreabierta,
la puerta que une y separa a la luz de la sombra
y por la abertura asomara el distante dominio
que el hombre buscaba picando la piedra, la sombra, el vacío.

3. The Ships

Like a shopping bag bulging with onions and coal,
alcohol, paraffin, carrots, potatoes, oranges, meat chops and oil:
the ship is an aimless disorder, a shakedown for whatever
tumbles into its hold: hale and mellifluous ladies,
    cardsharps down on their luck, poop decks and storekeepers;
sometimes they stop to squint back at the custodial water
looking cheesy and blue and opaque with a menace of eyes:
a fear of the motionless bores through to the voyager's fantasy.
They would rather wear out their shoe leather, whittle down their
    feet and their bones,
keep on the move, in infinity's horror, till nothing is left of it.
But the danger subsides: the ship circles its watery circle
and beyond it, the silvery towers of Montevideo heave to.

4. The Song

The tower of bread, the device that the archway contrives out of
    altitude
with a melody moving aloft in its avid fecundity,
tough petals of song growing big in the rose
—your presence and absence, the whole weight of your hair,
the pure heats of your body like a pillar of grain in my bed,
the victorious skin that your springtime aligned at my side
while my heart beat below like a pulse in the stone of a wall,
wheaten and gold in the power of its contacts, your sunburst of
    hips,
and your voice flowing down in cascades of vehement honey,
your mouth turned in love for the gradual pressure of kisses
—all seems to me now like the knot of the day and the night, cut
    though, and showing
the door that unites and divides light and shade, ajar on its hinges,
and beyond it, in the spaces, a glimpse of that distant dominion
man seeks his whole lifetime, hacking away at the stone and the
    dark and the void.

La barcarola / Barcarole   /   *321*

Las manos del día / The Hands of Day
(1968)

Una victoria. Es tarde, no sabías.
Llegó como azucena a mi albedrío
el blanco talle que traspasa
la eternidad inmóvil de la tierra,
empujando una débil forma clara
hasta horadar la arcilla
con rayo blanco o espolón de leche.
Muda, compacta oscuridad del suelo
en cuyo precipicio
avanza la flor clara
hasta que el pabellón de su blancura
derrota el fondo indigno de la noche
y de la claridad en movimiento
se derraman atónitas semillas.

ENIGMA WITH A FLOWER

Victory. It is later than you knew.
The white stalk that transfixes
earth's unmoving eternity
rose to my need like a lily,
pushing a frail, clear form
till it struck through the clay
in a breakwater of milk, a white scintillation.
In the dark of the soil, mute and compact,
in the precipice,
the clear flower advanced
till whiteness was all, a pavilion
breaking night's abject abysses,
and in the moved incandescence
the seeds spilled over, amazed.

EL CAMPANERO

Aun aquel que volvió
del monte, de la arena,
del mar, del mineral, del agua,
con las manos vacías,
aun el domador
que volvió del caballo
en un cajón, quebrado
y fallecido
o la mujer de siete manos
que en el telar
perdió de pronto el hilo
y regresó al ovario,
a no ser más que harapo,
o aun el campanero
que al mover
en la cuerda
el firmamento
cayó de las iglesias
hacia la oscuridad
y el cementerio:
aun todos ellos
se fueron
con las manos gastadas
no por la suavidad sino por algo:
el tiempo corrosivo,
la substancia
enemiga
del carbón, de la ola,
del algodón, del viento,
porque sólo el dolor enseñó a ser:
porque hacer fue el destino de las manos
y en cada cicatriz cabe la vida.

THE BELL-RINGER

Even the mountaineer came back
from the mountain, from sand,
sea, the mineral world, water,
empty-handed;
the breaker of horses came back
unhorsed,
broken by death
in a box;
and the seven-handed woman
suddenly fumbled the thread
in the loom
and went back to the womb,
no more than a rag;
even the bell-ringer
moving
the sky
on a cord,
fell from the church
through the dark
of the graveyard;
even these
went away
with hands worn
by no burnish but some other unspeakable thing:
corrosive time,
the inimical
substance
of coal, waves,
cotton, wind:
because grief taught us to be,
because the hands' work is a destiny
and life shapes itself to their scars.

SEMEN

Porque ese grito no tiene palabra
es sólo sílaba color de sangre.

Y circula en el giro de un deseo
como un espeso manantial caliente:
sulfato de cal roja, sol secreto
que abre y cierra las puertas genitales.

SEMEN

Because no words suffice for this cry
it lives as a blood-colored syllable.

And circles a ring of desire
like a cloudburst, sultry and dense:
red sulphate of quicklime, a secret sun
opening and closing the genital doors.

EL ENFERMO TOMA EL SOL

Qué haces tú, casi muerto, si el nuevo día Lunes
hilado por el sol, fragante a beso,
se cuelga de su cielo señalado
y se dedica a molestar tu crisis?

Tú ibas saliendo de tu enfermedad,
de tus suposiciones lacerantes
en cuyo extremo el túnel
sin salida, la oscuridad con su final dictamen
te esperaba: el silencio
del corazón o de otra
víscera amenazada
te hundió en la certidumbre del adiós
y cerraste los ojos, entregado
al dolor, a su viento sucesivo.

Y hoy que desamarrado de la cama
ves tanta luz que no cabe en el aire
piensas que si, que si te hubieras muerto
no sólo no hubiera pasado nada
sino que nunca cupo tanta fiesta
como en el bello día de tu entierro.

SICK MAN IN THE SUN

What would it profit you, now as good as dead, if
      Monday came
round again, ripe as a kiss, woven with sun,
loosened its place in the sky
and aimed its full force at your worsening crisis?

You rose in your illness
and the bitter foreknowledge
at whose end the impassable
tunnel, dark with its final proscriptions,
awaits you: your heart's
silence, or some other
visceral menace
that hurts with its certain farewells;
your eyes closed, you delivered yourself
to your pain, gust after gust, like a wind.

Today, disinterred from your bed,
you see such unboundable light in the air
and you think: yes, should you die on such a day,
not only would nothing have happened,
but no festival would ever have equalled
the measure of this one, the heyday of your burial.

EL REGALO

De cuántas duras manos
desciende la herramienta,
la copa,
y hasta la curva insigne
de la cadera que persigue luego
a toda la mujer con su dibujo!

Es la mano que forma
la copa de la forma,
conduce el embarazo del tonel
y la línea lunar de la campana.

Pido unas manos grandes
que me ayuden
a cambiar el perfil de los planetas:
estrellas triangulares
necesita el viajero:
constelaciones como dados fríos
de claridad cuadrada:
unas manos que extraigan
ríos secretos para Antofagasta
hasta que el agua rectifique
su avaricia perdida en el desierto.

Quiero todas las manos de los hombres
para amasar montañas
de pan y recoger
del mar todos los peces,
todas las aceitunas
del olivo,
todo el amor que no despierta aún
y dejar un regalo
en cada una de las manos
del día.

THE GIFT

From what hardened hands
the tool comes to us,
and the cup,
the notable curve
of a hip that clings to
the whole of a woman and prints itself there!

Hands shaping
the cup to its contour,
showing the way to the barrel's rotundity,
the lunar outline of the bell.

I need big hands
to help me
change the profile of planets;
the traveler requires
triangular stars;
constellations like dice
cut into squares by the cold;
hands that distill
hidden rivers in Antofagasta
and restore to the water
what its avarice lost in the desert.

I want all the hands of the world
to knead mountains
of bread, gather
all fish in the sea,
all the fruit
of the olive,
all the love still unawakened,
and leave
gifts
in the hands
of the day.

A SENTARSE

Todo el mundo sentado
a la mesa,
en el trono,
en la asamblea,
en el vagón del tren,
en la capilla,
en el océano,
en el avión, en la escuela, en el estadio
todo el mundo sentados o sentándose:
pero no habrá recuerdo
de una silla
que hayan hecho mis manos.

Qué pasó? Por qué, si mi destino
me llevó a estar sentado, entre otras cosas,
por qué no me dejaron
implantar cuatro patas
de un árbol extinguido
al asiento, al respaldo,
a la persona próxima
que allí debió aguardar el nacimiento
o la muerte de alguna que él amaba?
(La silla que no pude, que no hice,
transformando en estilo
la naturalidad de la madera
y en aparato claro
el rito de los árboles sombríos.)

La sierra circular
como un planeta
descendió de la noche
hasta la tierra.
Y rodó por los montes

SITTING DOWN

The whole world seated
at table,
on thrones,
in assemblies,
in railway compartments,
in chapels
and ocean,
airplanes, stadia, schools,
a whole world sitting down, or prepared to sit down—
yet no one will ever have reason
to remember a chair
that I made with my hands.

What happened? Why, if my lot
was (among other things) to be seated,
was I never allowed
to fit the four wasted paws
of a tree
to the seat of a chair or the rungs of its back
for the next man
to sweat out the birth
or the death of the woman he loved?
(The chair I could never imagine or build for myself,
transforming wood's properties
into an attitude,
the shadowy rites of a tree
to a lucid commodity?)

A circular saw
came down and touched earth
in the night,
like a planet.
It circled the peaks

de mi patria,
pasó sin ver por mi puerta larvaria,
se perdió en su sonido.
Y así fue como anduve
en el aroma
de la selva sagrada
sin agredir con hacha la arboleda,
sin tomar en mis manos
la decisión y la sabiduría
de cortar el ramaje
y extraer
una silla
de la inmovilidad
y repetirla
hasta que esté sentado todo el mundo.

of my country,
passed with no thought for the larvae at work in my door,
and was lost in a sound.
Since then, I have walked
through the smells
of the forest, holding everything sacred,
never slashing a tree with a hatchet,
never forcing
the wit or the will of my hands
to cut through the branches
and retrieve
from the stillness of things
one chair,
repeating it over and over
till there were chairs enough for a world and everyone sat down.

EL GOLPE

Tinta que me entretienes
gota a gota
y vas guardando el rastro
de mi razón y de mi sinrazón
como una larga cicatriz que apenas
se verá, cuando el cuerpo esté dormido
en el discurso de sus destrucciones.

Tal vez mejor hubiera
volcado en una copa
toda tu esencia, y haberla arrojado
en una sola página, manchándola
con una sola estrella verde
y que sólo esa mancha
hubiera sido todo
lo que escribí a lo largo de mi vida,
sin alfabeto ni interpretaciones:
un solo golpe oscuro
sin palabras.

THE BLOW

Ink that enchants me,
drop after drop,
guarding the path
of my reason and unreason
like the hardly visible
scar on a wound that shows while the body sleeps
on in the discourse of its destructions.

Better
if the whole of your essence erupted
in a drop, to
vent itself on a page, staining it now
with a single green star;
better, perhaps, if that blot
gathered
my whole scribbling lifetime
without glosses or alphabets:
a single dark blow
without words.

ADIOSES

Yo no encendí sino un papel amargo.

Yo no fui causa de aquel Buenos Días
que se dieron el trueno con la rosa.

Yo no hice el mundo, no hice los relojes,
no hice las olas ni tampoco espero
hallar en las espigas mi retrato.

Y de tanto perder donde no estuve
fui quedándome ausente
sin derrochar ninguna preferencia
sino un monte de sal desmoronado
por una copa de agua del invierno.

Se pregunta el viajero si sostuvo
el tiempo, andando contra la distancia,
y vuelve adonde comenzó a llorar:
vuelve a gastar su dosis de yo mismo,
vuelve a irse con todos sus adioses.

GOODBYES

I've a flair for the bitterest roles.

I was never the cause of those greetings
the thunderbolt exchanged with the rose.

I never created the world, never made
watches or waves—I never expected
to find my portrait engraved in the wheat.

After losing so much in places I've not even been to,
I perfected my absence
with hardly a vagary lost—
only a pillar of salt crumbling away
in a cupful of wintery water.

The traveler asks himself: if he lived out
a lifetime, pushing the distance away,
does he come back to the place where his grieving began:
squander his dose of identity again,
say his goodbyes again, and go?

EL LLANTO

Dice el hombre: en la calle he padecido
de andar sin ver, de ausencia con presencia,
de consumir sin ser, del extravío,
de los hostiles ojos pasajeros.

Dice además el hombre
que odia su *cada día* de trabajo,
su *ganarás el pan*, su triste guerra,
su ropa de oro el rico, el coronel su espada,
su pie cansado el pobre, su maleta el viajante,
su impecable corbata el camarero,
el banquero su jaula, su uniforme el gendarme,
su convento la monja, su naranja el frutero,
su carne el carnicero, el olor de farmacia
el farmacéutico, su oficio la ramera,
me dice el hombre que anda fugitivo
en el fluvial paseo del odio que ha llenado
la calle con sus pasos
rápidos, insaciables, equívocos, amargos
como si a todo el mundo le pesara en los hombros
una invisible pero dura mercadería.
Porque, según me cuenta el transeunte,
se trastornó el valiente y odió la valentía,
y estuvo descontenta de sus pies la belleza
y odió el bombero el agua con que apagaba el fuego
hasta que un desagrado de algas en el océano,
un arrabal de brazos intrínsecos que llaman,
un agitado golfo de mareas vacías
es la ciudad, y el hombre ya no sabe que llora.

LAMENT

A man says: I suffered awful things in the street:
I walked without seeing, endured absence in presence,
extinction without being born, estrangement,
the hostile eyes of the bypasser.

The man keeps complaining:
that he hates the *day-in-day-out* of his work,
hates the *sweat-for-your-dollar*, that dreary vendetta,
the rich hate their gold clothing, the colonel, his sidearms,
the poor, their sore feet, the drummer, his heavy valises,
the waiter, the impeccable knot in his tie,
the teller, his cage, the gendarme his uniform,
the nun hates her convent, the green-grocer, his oranges,
the butcher, his meat, the druggist,
the smell of the pharmacy, the whore, her profession
—so says the man on the run
in the watery walks of his hatred, cramming
the street with his footsteps,
rapid, insatiable, equivocal, bitter,
as if the world's weight pressed on his shoulders
its invisible hardware of losses.

Each bypasser says: see,
the brave man reneged on his bravery,
the beauty complained that her ankles were ugly,
the fireman hated the water that put out the fire—
till the city becomes one great gnashing of weeds in the ocean,
a suburban wringing of hands,
a seething morass in the waste of the sea
and no man knows he is weeping.

VERBO

Voy a arrugar esta palabra,
voy a torcerla,
sí,
es demasiado lisa,
es como si un gran perro o un gran río
le hubíera repasado lengua o agua
durante muchos años.

Quiero que en la palabra
se vea la aspereza,
la sal ferruginosa,
la fuerza desdentada
de la tierra,
la sangre
de los que hablaron y de los que no hablaron.

Quiero ver la sed
adentro de las sílabas:
quiero tocar el fuego
en el sonido:
quiero sentir la oscuridad
del grito. Quiero
palabras ásperas
como piedras vírgenes.

WORD

I'm going to crumple this word,
to twist it,
yes,
it's too slick
like a big dog or a river
had been lapping it down with its tongue, or water
had worn it away with the years.

I want gravel
to show in the word,
the ferruginous salt,
the gap-toothed power
of the soil.
There must be a blood-letting
for talker and non-talker alike.

I went to see thirst
in the syllables,
touch fire
in the sound;
feel through the dark
for the scream. Let
my words be acrid
as virginal stone.

RETRATOS MUERTOS

Trabajé mucho para estar inmóvil
y hasta ahora me siguen sacudiendo!
(Me susurró el difunto, y se durmió.)

Ay tanto nos movemos los humanos
que cuando el movimiento se detuvo
los demás continuaron con tu sombra
sembrándola, ay Señor, en sus batallas.

(*Y los demás* somos nosotros mismos
que no dejamos en paz a los muertos
lavando y refregando sus memorias,
erigiendo sin fin lo que quedó
de ellos: un patrimonio de retratos,
de bigotes y barbas que peinamos
para que estén los muertos con nosotros.)

Tanto que nos costó este movimiento
infernal, de matar hasta morir,
y ahora que nos creíamos inmóviles
hay que salir a palos por la calle
en la resurrección de los retratos.

DEAD PORTRAITS

I have tried to live unperturbed
but things still keep pressing me hard!
(The dead turned to me with their sighs, and slept on.)

Being human, everything moves us—alas,
even when movement stops short,
the others keep coming: Lord, your shadow
keeps sowing itself in their battles!

(All *those others*, our very own selves
that won't let the dead rest in peace, always
washing their memories, pounding them clean on the stones,
endlessly raising the dead with the bits and the pieces
they left us: a patrimony of portraits,
mustaches and beards to comb fine
so the dead can stay with us still.)

O what it cost us in fiendish activity
to harry the dead to their death! And then, just
when we thought nothing could move us again,
to be driven again through the streets, to be
scourged in the resurrection of the portraits!

LAS MANOS NEGATIVAS

Cuándo me vio ninguno
cortando tallos, aventando el trigo?
Quién soy, si no hice nada?
Cualquier hijo de Juan
tocó el terreno
y dejó caer algo
que entró como la llave
entra en la cerradura:
y la tierra se abrió de par en par.

Yo no, no tuve tiempo
ni enseñanza:
guardé las manos limpias
del cadáver urbano,
me despreció la grasa de las ruedas,
el barro inseparable de las costumbres claras
se fue a habitar sin mí las provincias silvestres:
la agricultura nunca se ocupó de mis libros
y sin tener qué hacer, perdido en las bodegas,
reconcentré mis pobres preocupaciones
hasta que no viví sino en las despedidas.
Adiós, dije al aceite, sin conocer la oliva,
y al tonel, un milagro de la naturaleza,
dije también adiós, porque no comprendía
cómo se hicieron tantas cosas sobre la tierra
sin el consentimiento de mis manos inútiles.

NEGATIVE HANDS

Who ever saw me
cutting stalks, threshing chaff from the wheat?
Who is this do-nothing I?
Some other Joe
touched ground
and let fall
something that turned like a key
in a lock:
earth opened for him, little by little.

Not I: I lacked both the wit
and occasion to try.
I kept my fingernails clean
like an urban cadaver,
the grease in the wheel-hub condemned me,
the clay that inheres in pure processes
went to live somewhere else in the country, without me:
agriculture never took note of my books,
and having nothing to do of my own
I fixed on my feeble obsessions,
wandered from pillar to post
and lived only to wave my farewells.

Goodbye, I said to the oil, without knowing the olive.
Goodbye to the tunnel miraculously thrust through creation,
goodbye, all, goodbye: I never shall know
how such things were conceived on this earth
without the entitlement of my ineffectual hands.

Fin de mundo / World's End
(1969)

EL MISMO

Me costó mucho envejecer,
acaricié la primavera
como a un mueble recién comprado,
de madera olorosa y lisa,
y en sus cajones escondidos
acumulé la miel salvaje.

Por eso sonó la campana
llevándose a todos los muertos
sin que la oyera mi razón:
uno se acostumbra a su piel,
a su nariz, a su hermosura,
hasta que de tantos veranos
se muere el sol en su brasero.

Mirando el saludo del mar
o su insistencia en el tormento
me quedé volando en la orilla
o sentado sobre las olas
y guardo de este aprendizaje
un aroma verde y amargo
que acompaña mis movimientos.

THE SAME

It costs much to grow old:
I've fondled the Springs
like sticks of new furniture
with the wood still sweet to the smell, suave
in the grain, and hidden away in its lockers,
I've stored my wild honey.

That's why the bell tolled
bearing its sound to the dead,
out of range of my reason:
one grows used to one's skin,
the cut of one's nose, one's good looks,
while summer by summer, the sun
sinks in its brazier.

Noting the sea's health,
its insistence on turbulence,
I kept skimming the beaches;
now seated on waves
I keep the bitter green smell
of a lifetime's apprenticeship
to live on in the whole of my motion.

EL FUEGO

Qué momento tan musical
me dice un río inteligente
al mover junto a mí sus aguas:
él se divierte con las piedras,
sigue cantando su camino,
mientras yo decidido a todo
lo miro con ojos de furia.

Dediquemos a la desdicha
un pensamiento vaporoso
como la tierra matinal
sucia de lágrimas celestes
levanta un árbol de vapor
que desenfoca la mañana:
sufre la luz que iba naciendo,
se amotina la soledad
y ya no se cuenta con nada,
no se ve el cielo ni la tierra
bajo la neblina salobre.

Exageramos este asunto
dije volviendo a la fogata
que se apagaba en la espesura
y con dos ramas de laurel
se levantó una llama roja
con una castaña en el centro,
y luego se abrió la castaña
enseñándome la lección
de su dulzura aprisionada
y volví a ser un ciudadano
que quiere leer los periódicos.

THE FIRE

What a musical moment,
the intelligent river tells me,
moving close with its waters:
it amuses itself with its stones,
keeps its path singing
while I settle my jaw once
and for all, and watch with cold fury.

Let's keep one nebulous
thought for the malcontent,
as the world every morning,
transcendental and grimy with tears,
holds one great tree of air
that dislimns all the daylight:
light suffers itself to be born,
solitude mutinies,
till nothing remains to be seen,
neither sky nor the earth,
in the mist and brine of the distance.

But we exaggerate, I
said, looking back at the bonfires
that sank in the density:
two branches of laurel
and a red flame arose out of nowhere,
with a chestnut tree in the center:
then the tree itself opened out,
bearing tidings, the reminder
of sweetness imprisoned—
so I went back to my newspaper
and read on, like any good citizen.

AYER

Todos los poetas excelsos
se reían de mi escritura
a causa de la puntuación,
mientras yo me golpeaba el pecho
confesando puntos y comas,
exclamaciones y dos puntos,
es decir, incestos y crímenes
que sepultaban mis palabras
en una Edad Media especial
de catedrales provincianas.

Todos los que nerudearon
comenzaron a vallejarse
y antes del gallo que cantó
se fueron con Perse y con Eliot
y murieron en su piscina.

Mientras tanto yo me enredaba
con mi calendario ancestral
más anticuado cada día
sin descubrir sino una flor
descubierta por todo el mundo,
sin inventar sino una estrella
seguramente ya apagada,
mientras yo embebido en su brillo,
borracho de sombra y de fósforo,
seguía el cielo estupefacto.

La próxima vez que regrese
con mi caballo por el tiempo
voy a disponerme a cazar
debidamente agazapado
todo lo que corra o que vuele:

YESTERDAY

All really superior poets
laugh at my penmanship—
because of the punctuation—
while I keep thumping my breast
confessing my commas and periods,
colons, exclamation points:
all the incestuous and criminal
acts that have buried my words
in a Dark Ages special to me
like provincial cathedrals.

Those who were lately *Nerudarized*
are beginning to *Vallejolate:* *
before the cock crowed up the dawn
they settled for Eliot and Perse
and drowned in their fishpond.

Nevertheless, I go on spinning
my own ancestral time-table,
chintzier with each passing day,
without discovering so much as a flower
not already discovered by others
or inventing a single
fixed star not already extinct;
tipsy with all that incandescence,
smashed on the shadow and phosphor of things,
I keep searching a stupefied sky.

Next time I come back
into time, astride my habitual nag,
I'll give all my attention to stalking
anything that moves—in the sky, on the ground,
with the regulation hunterly crouch:

* César Vallejo.

a inspeccionarlo previamente
si está inventado o no inventado,
descubierto o no descubierto:
no se escapará de mi red
ningún planeta venidero.

that way, ahead of the game, I can check
on what is or isn't invented already,
discovered, or still undiscovered:
nothing—not a planet unborn
in the gases—will slip past the knots of my net.

DIABLITOS

He visto cómo preparaba
su condición el oportuno,
su coartada el arribista,
sus redes la rica barata,
sus inclusiones el poeta.
Yo jugué con el papel limpio
frente a la luz todos los días.

Yo soy obrero pescador
de versos vivos y mojados
que siguen saltando en mis venas.
Nunca supe hacer otra cosa
ni supe urdir los menesteres
del intrínseco jactancioso
o del perverso intrigador,
y no es propaganda del bien
lo que estoy diciendo en mi canto:
sino que no lo supe hacer,
y le pido excusas a todos:
déjenme solo con el mar:
yo nací para pocos peces.

LITTLE DEVILS

I've seen them: the fixers
setting up their advantages,
the arriviste's alibis,
rich cheapskates spreading their nets,
poets drawing their boundaries;
but I've played with clean paper
in the open light of the day.

I'm a journeyman fisherman
of living wet verses
that break through the veins;
it's all I was good for.
I never contrived opportunities
out of mere vainglory
or a schemer's perversity;
whatever I say in my songs
is more than benign propaganda.
True, I did it all clumsily
and for that I beg pardon:
now leave me alone with my ocean:
I was born for a handful of fishes.

MORIR

Cómo apartarse de uno mismo
(sin desconocerse tampoco):
abrir los cajones vacíos,
depositar el movimiento,
el aire libre, el viento verde,
y no dejar a los demás
sino una elección en la sombra,
una mirada en ascensor
o algún retrato de ojos muertos?

De alguna manera oficial
hay que establecer una ausencia
sin que haya nada establecido,
para que la curiosidad
sienta una ráfaga en la cara
cuando destapen la oratoria
y hallen debajo de los pies
la llamarada del ausente.

DYING

How to remove oneself from oneself
(without unknowing oneself totally):
open the empty receptacles,
consign our mobility there,
the free air, the green wind,
and not leave for the rest
only an option of shadows,
a chance glance in an elevator,
a picture gone dead in the eyes?

Some protocol must be found
for establishing absence
with nothing really established
—some allowance for the curious among
us who feel the great gust in their faces
when the oratorical sound is uncovered,
and find, just under their boot-soles,
the absent one blazing back at them.

EL ENEMIGO

Hoy vino a verme un enemigo.
Se trata de un hombre encerrado
en su verdad, en su castillo,
como en una caja de hierro,
con su propia respiración
y las espadas singulares
que amamantó para el castigo.

Miré los años en su rostro,
en sus ojos de agua cansada,
en las líneas de soledad
que le subieron a las sienes
lentamente, desde el orgullo.

Hablamos en la claridad
de un medio día pululante,
con viento que esparcía sol
y sol combatiendo en el cielo.
Pero el hombre sólo mostró
las nuevas llaves, el camino
de todas las puertas. Yo creo
que adentro de él iba el silencio
que no podía compartirse.
Tenía una piedra en el alma:
él preservaba la dureza.

Pensé en su mezquina verdad
enterrada sin esperanza
de herir a nadie sino a él
y miré mi pobre verdad
maltratada adentro de mí.

Allí estábamos cada uno
con su certidumbre afilada

THE ENEMY

My old enemy came to visit
today: a man hermetically sealed
in his truth, like a castle
or strong-box,
with his own style of breathing
and a singular sword-play
sedulously stropped to draw blood.

I saw the years in his face:
the eyes of tired water,
the lines of his loneliness
that had lifted his temples
little by little to consummate self-love.

We chatted a while in
broad mid-day, in windy
explosions that scattered
the sun on all sides and struck at the sky.
But the man showed me only
his new set of keys, his one
way to all doors. Inside him,
I think he was silent,
indivisibly silent:
the flint of his soul
stayed impenetrable.

I thought of that stingy integrity
hopelessly buried, with power
to harm only himself;
and within me I knew
my own crude truths shamed.

So we talked—each of us
honing his steely convictions,

y endurecida por el tiempo
comos dos ciegos que defienden
cada uno su oscuridad.

each tempered by time:
two blind men defending
their individual darknesses.

Como poeta carpintero
busco primero la madera
áspera o lisa, predispuesta:
con las manos toco el olor,
huelo el color, paso los dedos
por la integridad olorosa,
por el silencio del sistema,
hasta que me duermo o transmigro
o me desnudo y me sumerjo
en la salud de la madera:
en sus circunvalaciones.

Lo segundo que hago es cortar
con sierra de chisporroteo
la tabla recién elegida:
de la tabla salen los versos
como astillas emancipadas,
fragantes, fuertes y distantes
para que ahora mi poema
tenga piso, casco, carena,
se levante junto al camino,
sea habitado por el mar.

Como poeta panadero
preparo el fuego, la harina,
la levadura, el corazón,
y me complico hasta los codos
amasando la luz del horno,
el agua verde del idioma,
para que el pan que me sucede
se venda en la panadería.

Yo soy y no sé si lo sepan
tal vez herrero por destino

ARS POETICA (1)

As carpenter-poet, first
I fit the wood to my need—
on the knotty or satiny side:
then I savor the smell with my hands,
smell the colors, take the fragrant
entirety, the whole system
of silence, into my fingertips
and slip off to sleep, or transmigrate,
or strip to the skin and submerge
in woody well-being:
the wood's circumlocutions.

Then I cut into the board
of my choice
with the sputtering points of my saw:
from the plank come my verses,
like chips freed from the block,
sweet-smelling, swarthy, remote,
while the poem lays down its deck
and its hull, calculates list,
lifts up its bulk by the road
and the ocean inhabits it.

As baker: I prepare
what is needed—fire, flour,
leaven, the heart of the baker—
and wade in, to my elbows,
kneading the glow of the oven
into watery green language,
so the bread on the paddle
brings buyer to baker.

Or perhaps I was fated—
though some never suspected it—

o por lo menos propicié
para todos y para mí
metalúrgica poesía.

En tal abierto patrocinio
no tuve adhesiones ardientes:
fui ferretero solitario.

Rebuscando herraduras rotas
me trasladé con mis escombros
a otra región sin habitantes,
esclarecida por el viento.
Allí encontré nuevos metales
que fui convirtiendo en palabras.

Comprendo que mis experiencias
de metafísico manual
no sirvan a la poesía,
pero yo me dejé las uñas
arremetiendo a mis trabajos
y ésas son las pobres recetas
que aprendí con mis propias manos:
si se prueba que son inútiles
para ejercer la poesía
estoy de inmediato de acuerdo:
me sonrío para el futuro
y me retiro de antemano.

to live like a blacksmith: the least
I would ask for myself and for others
is a metallurgical medium.

In this free confraternity
I've no burning allegiances.
I was always a lone iron-monger.

Keeping close watch on my broken
machinery, I move off with my junkpile
to some other uninhabited region
glossed by the wind.
There I dig for new metals
and turn what I am into words.

Granted: one poet's experience
with manual metaphysics
doesn't make a poetics;
but I've pared my nails to the quick
to temper my craft
and these shabby prescriptions
I learned for myself, at first hand:
if you find them uncouth
for a poet's vocation,
I agree—no apologies needed!
I smile toward the future
and am gone before you can give me your reasons.

ABEJAS (1)

Qué voy a hacerle, yo nací
cuando habían muerto los dioses
y mi insufrible juventud
siguió buscando entre las grietas:
ése fue mi oficio y por eso
me sentí tan abandonado.

Una abeja más una abeja
no suman dos abejas claras
ni dos abejas oscuras:
suman un sistema de sol,
una habitación de topacio,
una caricia peligrosa.

La primera inquietud del ámbar
son dos abejas amarillas
y atado a las mismas abejas
trabaja el sol de cada día:
me da rabia enseñarles tanto
de mis ridículos secretos.

Me van a seguir preguntando
mis relaciones con los gatos,
cómo descubrí el arco iris,
por qué se vistieron de erizos
las beneméritas castañas,
y sobre todo que los diga
lo que piensan de mí los sapos,
los animales escondidos
bajo la fragancia del bosque
o en las pústulas del cemento.

Es la verdad que entre los sabios
he sido el único ignorante

BEES (1)

What could I do? I was born
when the gods had all died,
and my incorrigible childhood
was spent looking between all the crevices:
that was my function: that's
why I'm left out of it now.

One bee plus one bee
does not make two light bees
or two dark bees:
they make up a cycle of sun,
a mansion of topaz,
a hazardous touching of hands.

The initial disturbance in amber
requires two yellow bees:
around them the quotidian sun
toils in its orbit:
I'm wild to explain
my ridiculous secrets.

But they keep after me
with their questions: what are my relations
with cats, how I discovered the rainbow,
why the worth of the chestnut
is contained in its burr;
they want, of all things, to know
the bullfrog's opinions: what do
animals under their burrows
in the fragrance of forests or
in pustules of asphalt, make of my life?

The truth of it is: of all
extant sages, I alone remained ignorant,

y entre los que menos sabían
yo siempre supe un poco menos
y fue tan poco mi saber
que aprendí la sabiduría.

and among those who have learned less and less
I was always a jot less in the know—
till my learning has come to so little
I know how to be wise, in the end.

PERRO

Los perros desinteresados
por los caminos, sin regreso,
por el polvo errante, a la luz
de la intemperie indiferente.

Oh Dios de los perros perdidos,
pequeño dios de patas tristes,
acércate a nuestro hemisferio
de largas colas humilladas,
de ojos hambrientos que persiguen
a la luna color de hueso!

Oh Dios descuidado, yo soy
poeta de las carreteras
y vago en vano sin hallar
un idioma de perrería
que los acompañe cantando
por la lluvia o la polvareda.

DOG

The dogs, indifferent to roads
leading one way only
through haphazard dust to the light
of a lackluster weather.

O God of lost dogs,
little god of the woebegone paws,
come close to our hemisphere
of long, humbled tails
and famishing eyes that point
to a bone-colored moon!

O negligent God, I'm
a poet of highways and byways and sorts
floundering vainly to find
a language of dogdom
that stays with all dogs to the end
and bays in the dust-cloud and storm.

CONDICIONES

Con tantas tristes negativas
me despedí de los espejos
y abandoné mi profesión:
quise ser ciego en una esquina
y cantar para todo el mundo
sin ver a nadie porque todos
se me parecían un poco.

Pero buscaba mientras tanto
cómo mirarme hacia detrás,
hacia donde estaba sin ojos
y era oscura mi condición.
No saqué nada con cantar
como un ciego del populacho:
mientras más amarga la calle
me parecía yo más dulce.

Condenado a quererme tanto
me hice un hipócrita exterior
ocultando el amor profundo
que me causaban mis defectos.
Y así sigo siendo feliz
sin que jamás se entere nadie
de mi enfermedad insondable:
de lo que sufrí por amarme
sin ser, tal vez, correspondido.

CONDITIONS

With these moody negations
I said goodbye to the mirrors
and gave up my profession:
better a blind man in a corner
singing songs to the world
without setting eyes on a soul,
if part of me is so like the others!

Nevertheless I kept trying:
how to look back at oneself
to wherever it is one sat blinded
when one's total condition was dark?
There was nothing to show for my singing
in a blind rabble of singers:
but the harsher the street sounds became,
the sweeter I seemed to myself.

Condemned to self-love,
I lived the exterior life of a hypocrite
hiding the depths of the love
my defects had brought down on my head.
I keep on being happy,
disclosing to nobody
my ambiguous malady:
the grief I endure for self-love,
who was never so loved in return.

SIEMPRE YO

Yo que quería hablar del siglo
adentro de esta enredadera,
que es mi siempre libro naciente,
por todas partes me encontré
y se me escapaban los hechos.
Con buena fe que reconozco
abrí los cajones al viento,
los armarios, los cementerios,
los calendarios con sus meses
y por las grietas que se abrían
se me aparecía mi rostro.

Por más cansado que estuviera
de mi persona inaceptable
volvía a hablar de mi persona
y lo que me parece peor
es que me pintaba a mí mismo
pintando un acontecimiento.
Qué idiota soy dije mil veces
al practicar con maestría
las descripciones de mi mismo
como si no hubiera habido
nada mejor que mi cabeza,
nadie mejor que mis errores.

Quiero saber, hermanos míos,
dije en la Unión de pescadores,
si todos se aman como yo.
La verdad es—me contestaron—
que nosotros pescamos peces
y tú te pescas a ti mismo
y luego vuelves a pescarte
y a tirarte al mar otra vez.

ME AGAIN

I who wanted to talk
of a century inside the web
that is always my poem-in-progress,
have found only myself wherever I looked
and missed the real happening.
With wary good faith
I opened myself to the wind: the lockers,
clothes-closets, graveyards,
the calendar months of the year,
and in every opening crevice
my face looked back at me.

The more bored I became
with my unacceptable person,
the more I returned to the theme of my person;
worst of all,
I kept painting myself to myself
in the midst of a happening.
What an idiot (I said to myself
a thousand times over) to perfect all that craft
of description and describe only myself,
as though I had nothing to show but my head,
nothing better to tell than the mistakes of a lifetime.

Tell me, good brothers,
I said at the Fishermen's Union,
do you love yourselves as I do?
The plain truth of it is:
we fishermen stick to our fishing,
while you fish for yourself (said
the fishermen): you fish over and over again
for yourself, then throw yourself back in the sea.

EL SIGLO MUERE

Treinta y dos años entrarán
trayendo el siglo venidero,
treinta y dos trompetas heroicas,
treinta y dos fuegos derrotados,
y el mundo seguirá tosiendo
envuelto en su sueño y su crimen.

Tan pocas hojas que le faltan
al árbol de las amarguras
para los cien años de otoño
que destruyeron el follaje:
lo regaron con sangre blanca,
con sangre negra y amarilla,
y ahora quiere una medalla
en su pechera de sargento
el siglo que cumple cien años
de picotear ojos heridos
con sus herramientas de hierro
y sus garras condecoradas.

Me dice el cemento en la calle,
me canta el pájaro enramado,
me advierte la cárcel nombrando
los justos allí ajusticiados,
me lo declaran mis parientes,
mis intranquilos compañeros,
secretarios de la pobreza:
siguen podridos estos años
parados en medio del tiempo
como los huesos de una res
que devoran los roedores
y salen de la pestilencia
libros escritos por las moscas.

A CENTURY DYING

Thirty-two years to go
to the new century:
thirty-two heroical fanfares,
thirty-two fires to stamp out
while the world goes coughing up phlegm,
wrapped in its dreams and atrocities.

The tree of our bitterness
has come full leaf:
and the fall of our century
will carry the foliage away:
we watered the roots with our white blood
and yellow and black;
now our centennial epoch
after scarring our vision
with cast-iron hardware
and armorial claws
wants medals to pin
on its sergeant's insignia.

The cement in the street says it,
a bird whistles it out of the branches,
the jails with their rosters
of good men maligned
make it plain to me; my kin,
my irascible friends,
the stewards of poverty,
put it in so many words:
the epoch is rotting away,
stalled at time's center
like the bones of a cow
with its predators gnawing within,
while out of time's pestilence
comes a literature written by flies.

Fin de mundo / World's End   /   *383*

SE LLENÓ EL MUNDO

Hermosos fueron los objetos
que acumuló el hombre tardío,
el voraz manufacturante:
conocí un planeta desnudo
que poco a poco se llenó
con los lingotes triturados,
con los limones de aluminio,
con los intestinos eléctricos
que sacudían a las máquinas
mientras el Niágara sintético
caía sobre las cocinas.

Ya no se podía pasar
en mil novecientos setenta
por las calles y por los campos:
las locomotoras raídas,
las penosas motocicletas,
los fracasados automóviles,
las barrigas de los aviones
invadieron el fin del mundo:
no nos dejaban transitar,
no nos dejaban florecer,
llenaban arenas y valles,
sofocaban los campanarios:

no se podía ver la luna.

Venecia desapareció
debajo de la gasolina,
Moscú creció de tal manera
que imurieron los abedules
desde el Kremlin a los Urales
y Chicago llegué tan alto

THE WORLD FILLED UP

Such pretty treasures so lately
laid up by acquisitive man,
the mad manufacturer!
The planet I knew as a boy was stark
naked, but it filled, little by little,
with pulverized ingots,
aluminum lemons,
the electric intestines
that hammer inside machines,
while a synthetic Niagara
poured over the kitchens.

Now in our nineteen hundred and seventieth
year nothing can budge
on the highways and meadows:
only brash locomotives,
pestiferous motorcycles,
collapsing automobiles,
big-bellied planes bearing down
on the end of the world:
nothing yields to us on the freeways,
no one opens a petal,
all collects in the sand and the
valley and strangles the bell-towers:

and blots out the moon.

Venice sank
under the gasoline;
all Moscow bulged—even
the birches, from the Kremlin
into the Urals, are dying.
Chicago got higher and higher and

que se desplomó de improviso
como un cubilete de dados.

Vi volar el último pájaro
cerca de Mendoza, en los Andes.
Y recordándolo derramo
lágrimas de penicilina.

then tumbled into the street
all of a sudden, like dice from a cup.

I saw the last bird fly
toward Mendoza, up in the Andes.
Remembering it now, I leak
tears of pure penicillin.

Lo curioso es que en este siglo
Mozart, el suave enlevitado,
continuó con su levitón,
con su vestido de música:
en estos cien años apenas
se escucharon otros ruidos.
y Fiodor Dostoyevski aún
desarrolla su folletin,
su dictamen de las tinieblas,
su larga cinta con espinas.

Bueno y Rimbaud? Gracias, muy bien
contesta el vago vagabundo
que aún se pasea solitario
sin otra sombra en este siglo.

Yo que llegué desde Parral
a conocer este siglo,
por qué me dan el mismo frío,
el mismo plato, el mismo fuego
de los amables abuelitos
o de los abuelos amargos?

Hasta cuándo llueve Verlaine
sobre nosotros? Hasta cuándo
el paraguas de Baudelaire
nos acompaña a pleno sol?
Queremos saber dónde están
las araucarias que nacieron,
las encinas del Siglo Veinte,
o dónde están las manos, los dedos,
los guantes de nuestra centuria.
Walt Whitman no nos pertenece,

THE XIX

Odd, that Mozart, the frock-coated
dandy, should persist in our century,
still flashing his frock-coat
in a full dress of music:
for the last hundred years, it seems, no
other sound has been heard.
And Fyodor Dostoevski still
unwinds his old serial,
his mandate of shadow,
in long ribbons of thorns.

Well—and Rimbaud? Very well, thank you!
a vague vagabond answers,
taking his lone constitutional
into our century, with none to overshadow him.

And I who came out of Parral
to confront my own century—
why do they give me the same gooseflesh,
the same fever, the same silvery tones,
all my little adorable grandfathers
or my bitter grandfathers?

How long has it been since Verlaine
rained over us? How long since
the umbrellas of Baudelaire
accompanied us in the glare of the sun?
Where are the Araucanian pines
in my Chile of yesteryear,
the evergreen oaks of the twentieth century,
and where are the hands, fingers,
the gloves of our century?
Walt Whitman doesn't belong to us—

se llama Siglo Diecinueve,
pero nos sigue acompañando
porque nadie nos acompaña.
Y en este desierto lanzó
el sputnik su polen rojo
entre las estrellas azules.

El siglo veinte se consume
con el siglo pasado a cuestas
y los pálidos escritores
bajo los gigantes muertos
hemos subido la escalera
con un saco sobre los hombros,
con la pesada precedencia
de los huesos más eminentes.

Pesa Balzac un elefante,
Victor Hugo como un camión,
Tolstoy como una cordillera,
como una vaca Emile Zola,
Emilia Bronte como un nardo,
Mallarmé como un pastelero,
y todos juntos aplastándonos
no nos dejaban respirar,
no nos dejaban escribir,
no nos querían dejar,
hasta que el tío Ubú Dada
los mandó a todos a la mierda.

that's called the nineteenth century!—
yet he keeps tracking us down
because no one else cares for our company.
And now, over that desert, Sputnik
has scattered the red of its pollen
between the blue stars.

The twentieth century peters out
with the century before on its shoulders,
with all the colorless scribblers
underneath the mouldering giants;
we have climbed the long stair
with a sack on our backs:
the crushing precedence
of more illustrious bones.

Balzac weighs on us like an elephant,
Victor Hugo comes on like a truck,
Tolstoy looms, a horizon of mountains,
Emile Zola waits, like a cow,
Emily Brontë, like spikenard,
Mallarmé, a confectioner—
all clobber us under their bulk.
They don't let us breathe
or go on with our writing,
they would never have left us alone
unless old Uncle Ubú Dada spoke up
and said: Shit on you all! in our name.

LAS GUERRAS

Ven acá sombrero caído,
zapato quemado, juguete,
o montón póstumo de anteojos,
o bien, hombre, mujer, ciudad,
levántense de la ceniza
hasta esta página cansada,
destituida por el llanto.

Ven nieve negra, soledad
da la injusticia siberiana,
restos raídos del dolor,
cuando se perdieron los vínculos
y se abrumó sobre los justos
la noche sin explicaciones.

Muñeca del Asia quemada
por los aéreos asesinos,
presenta tus ojos vacíos
sin la cintura de la niña
que te abandonó cuando ardía
bajo los muros incendiados
o en la muerte del arrozal.

Objetos que quedaron solos
cerca de los asesinados
de aquel tiempo en que yo viví
avergonzado por la muerte
de los otros que no vivieron.

De ver la ropa tendida
a secar en el sol brillante
recuerdo las piernas que faltan,
los brazos que no las llenaron,

THE WARS

Come closer, hat in the dust,
burnt shoe-leather, doll,
posthumous mountain of eyeglasses;
better still, rise from your
ashes—man, woman, city—
touch this disconsolate page
riddled with sorrow.

Black snow, waste land
of Siberian injustice,
shabby remains of my anguish, come close
as the chains fall away
and over the just the inexplicable
darkness descends in a pillar of clouds.

Toy of the Asians, doll
scorched by aerial murderers,
show your blank eyes
far from the waist of the child
who fled when you burst into flame
as every wall blazed
and death held the rice-fields.

All stripped objects
heaped by the murdered
at a time when my life
was shamed by the dying
of the others who never survived.

Seeing wash spread
to dry in a dazzle of sunlight,
I remember legs lost to them,
arms that never will fill them,

partes sexuales humilladas
y corazones demolidos.

Un siglo de zapaterías
llenó de zapatos el mundo
mientras cercenaban los pies
o por la nieve o por el fuego
o por el gas o por el hacha!

A veces me quedo agachado
de tanto que pesa en mi espalda
la repetición del castigo:
me costó aprender a morir
con cada muerte incomprensible
y llevar los remordimientos
del criminal innecesario:
porque después de la crueldad
y aun después de la venganza
no fuimos tal vez inocentes
puesto que seguimos viviendo
cuando mataban a los otros.

Tal vez le robamos la vida
a nuestros hermanos mejores.

the vandalized sex,
the heart's mutilation.

A century's shoe-stores
crammed with the shoes of the world
while feet were dismembered
by frostbite or fire
or gas or the axe!

At times I have cringed
under the burdens I bear,
the renewed castigations:
I've paid dearly to learn how to die
each man's incomprehensible death
and accept the remorse
of the gratuitous criminal:
after the cruelties, after
the vengeance that followed, no one
is innocent, it may be:
we all go on living
after the others are murdered:

knowing, perhaps, we have stolen the lives
of the best of our brothers.

EL PELIGRO

Sí, nos dijeron: No resbalen
en los salones encerados
ni en barro ni en nieve ni en lluvia.
Muy bien, dijimos, a seguir
sin resbalar en el invierno.
Pero qué sucedió? Sentimos
bajo los pies algo que huía
y que nos hacía caer.

Era la sangre de este siglo.

Bajó de las secretarías,
de los ventisqueros saqueados,
del mármol de las escaleras
y cruzó el campo, la ciudad,
las redacciones, los teatros,
los almacenes de ceniza,
las rejas de los coroneles:
la sangre cubría las zanjas
y saltaba de guerra en guerra
sobre millones de ojos muertos
que sólo miraban la sangre.

Esto pasó. Yo lo atestiguo.

Ustedes vivirán tal vez
resbalando sólo en la nieve.

A mí me tocó este dolor
de resbalar sobre la sangre.

THE DANGER

Careful, they said: don't slip
on the wax of the ballroom:
look out for the ice and the rain and the mud.
Right, we all answered: this winter
we'll live without slippage!
And what happened? Under our feet
we felt something give way
and there we were, flat on our fannies:

in the blood of a century.

It seeped under the typist-stenographers,
the sweep of the snowdrifts,
staircases of marble;
it crossed meadows and cities,
editor's desks and theaters,
warehouses of ashes,
the colonel's grilled windows—
blood flowed in the ditches,
spurted from one war to another,
millions of corpses whose eyes
saw nothing but blood.

All this happened just as I tell it.

Maybe others will live out their lives with
no more than an occasional spill on the ice.

I live with this horror; when I tumble,
I go down into blood.

UN RECUERDO

Recuerdo en medio de un trigal
una amapola morada
aún más sedosa que la seda
y con aroma de serpiente.
Lo demás era la aspereza
del trigo cortado y dorado.

Yo me enlacé más de una vez
al lado de una trilladora
con una manzana campestre
de sexo abierto y repentino
y quedó en la paja temblàndo
un olor a semen y a luna.

A REMEMBRANCE

I think of one purple poppy
in the midst of a wheat-field,
suaver than silk in the bolt,
with the smell of a serpent. All
the rest bristles with wheat
gilded and scythed in the sheaf.

More than once I have coiled my whole
length where the threshers have passed,
with a wilderness apple
suddenly bit in two, to its sex,
while an odor of semen and moonlight
arose from the quivering straw.

LIBRO

Mi cuaderno de un año a un año
se ha llenado de viento y hojas,
caligrafía, cal, cebollas,
raíces y mujeres muertas.

Por qué tantas cosas pasaron
y por qué no pasaron otras?

Extraño incidente de amor,
del corazón embelesado
que no vino a inscribir su beso,
o bien el tren que se movió
a un planeta deshabitado
con tres fumadores adentro
capaces de ir y de volver
sin ventaja para ninguno,
sin desventaja para nadie.

Y así se prueba que después
aprenderemos a volver
en forma desinteresada,
sin hacer nada aquí ni allí,
puesto que resulta muy caro
en los finales de este siglo
residir en cualquier planeta,
de tal manera que, ni modo,
no hay sitio aquí para los pobres,
ni menos aún en el cielo.

Así las bodas espaciales
de nuestros insectos terrestres
rompieron la razon a tiempo
que rompían la sinrazón:

BOOK

Year after year my notebook
fills up with wind, leaves,
calligraphy, quicklime, onions,
roots, dead women.

Why these? Why trifles
like these, and no others?

Love's equivocal moment,
the heart's ravishment
that never wrote down its kiss,
or a train that moved off
to an uninhabited planet with
three smoking passengers inside
whose comings and goings
never did anyone harm and
never did anyone much good.

Which all goes to prove: one day
we'll learn to come back
in some other disinterested
form, having done nothing, wherever
we were—we pay dearly
at the century's end,
whatever our planet,
for living our lives
so the poor have no place on our planet
and nothing at all in the sky.

So our spatial wedding
of terrestrial insects
shattered the sense
and the nonsense of things with a blow:

como una cáscara de huevo
se quebró la tapa del mundo
y otra vez fuimos provincianos
entre nosotros se sabía
cómo hacer calles en la tierra
y cómo amar y perseguir
y crucificar a tu hermano.
Ahora el interrogatorio
de la luz con la oscuridad
toma una nueva proporción:
la del miedo con esperanza
y la de la sabiduría
que tiene que cambiar de tiesto.

Yo me perdono de saber
lo poco que supe en mi vida,
pero no me lo perdonaron
los avestruces de mi edad.
Ellos siempre sabían más
porque metían la cabeza
en los diarios de los Domingos.

Pero mi error más decidido
fue que entrara el agua en el rostro
de mis intensas letanías:
por las ventanas se divisa
mi corazón lleno de lluvia.

Porque nacer es una cosa
y otra cosa es el fin del mundo
con sus volcanes encendidos
que se propusieron parirte:
así pasó con mis destinos
desde las uvas de Parral
(donde nací sin ir más lejos),
hasta las montañas mojadas
con indios cargados de humo
y fuego verde en la cintura.

the husk of the world broke to bits
like an eggshell,
we all were suburban again:
we learned from each other
how to cut streets through the world,
how to love and pursue one another,
how to crucify brothers.
Now light cross-examines
the darkness and takes
newer proportions:
the babblings of terror and hope,
the debate of our wisdom, compelled
to change its receptacles.

I forgive my own failings,
the little I knew in my life,
though my ostrich contemporaries
will never forgive me in kind.
They buried their heads every Sunday
in the cultural supplements,
they always knew more than I did.

But the worst of my failures
is a dash of cold water that will
fly in the face of my fiercest litanies:
my heartful of rain indistinctly
glimpsed through the windows.

For it's one thing to come into the world
and another to envision its end,
ablaze with volcanoes,
as if struggling to bring you to birth;
that's how it is, that's my lot,
from the grapes of Parral
(which have stayed with me since I was born)
to the mountains soaking in rain,
with Indians bending under a burden of smoke
and a green girdle of fire at its waist.

Fin de mundo / World's End   /   403

Las piedras del cielo / Skystones
(1970)

I

De endurecer la tierra
se encargaron las piedras:
pronto
tuvieron alas:
las piedras
que volaron:
las que sobrevivieron
subieron
el relámpago,
dieron un grito en la noche,
un signo de agua,
una espada violeta,
un meteoro.

El cielo
suculento
no sólo tuvo nubes,
no sólo espacio con olor a oxígeno,
sino una piedra terrestre
aquí y allá, brillando,
convertida en paloma,
convertida en campana,
en magnitud, en viento
penetrante:
en fosfórica flecha, en sal del cielo.

I

To harden the earth
is a stone's occupation—
till stone became
winged
and flew.
Those that survived
climbed
the lightning,
cried out
in the dark:
a watery token,
the violet light on a blade,
a meteor.

Our succulent
sky
holds more than the clouds
and the void, with its odor of oxygen—
it holds a terrestrial stone,
it flashes out here and there
with its look of a dove
or a bell,
takes on magnitude,
the cutting edge of the wind:
an arrow in the phosphorus, a facet of salt on the sky.

X

Yo te invito al topacio,
a la colmena
de la piedra amarilla,
a sus abejas,
a la miel congelada
del topacio,
a su día de oro,
a la familia
de la tranquilidad reverberante:
se trata de una iglesia
mínima, establecida en una flor,
como abeja, como
la estructura del sol, hoja de otoño
de la profundidad más amarilla,
del árbol incendiado
rayo a rayo, relámpago a corola,
insecto y miel y otoño
se transformaron en la sal del sol:
aquella miel, aquel temblor del mundo,
aquel trigo del cielo
se trabajaron hasta convertirse
en sol tranquilo, en pálido topacio.

X

I invite you to topaz,
to the yellow
hive in the stone,
the bees,
and the lump of honey
in the topaz,
to the gold day
and the familiar
drone of tranquillity:
here is a minimal
church, built in a flower
as the bee builds, as
the planes of the sun or the leaf
in autumn's yellowest profundity,
a tree, incandescently
rising, beam over beam, a sunburst corolla,
insect and honey and autumn, all
transformed by the salts of the sun:
essence of honey, the tremulous world
and the wheat of the sky
that labored to accomplish
this sun-change, at rest in the pallor of topaz.

XIII

El liquen en la piedra, enredadera
de goma verde, enreda
el más antiguo jeroglífico,
extiende la escritura
del océano
en la roca redonda.
La lee el sol, la muerden los moluscos,
y los peces resbalan
de piedra en piedra como escalofríos.
En el silencio sigue el alfabeto
completando los signos sumergidos
en la cadera clara de la costa.

El liquen tejedor con su madeja
va y viene sube y sube
alfombrando la gruta de aire y agua
para que nadie baile sino la ola
y no suceda nada sino el viento.

XIII

Lichen on stone: the web
of green rubber
weaves an old hieroglyphic,
unfolding the script
of the sea
on the curve of a boulder.
The sun reads it. The mollusk devours it.
Fish slither
on stone, with a bristling of hackles.
An alphabet moves in the silence,
printing its drowned incunabula
on the naked flank of the beaches.

The lichens
climb higher, plaiting and braiding, piling
their nap in the caverns of ocean and air, coming
and going, until nothing may dance but the wave
and nothing persist but the wind.

X V

Hay que recorrer la ribera
del Lago Tragosoldo en Antiñana,
temprano, cuando el rocío
tiembla en las hojas duras del canelo,
y recoger mojadas piedras, uvas
de la orilla, guijarros
encendidos, de jaspe,
piedrecitas moradas o panales
de roca, perforados
por los volcanes o las intemperies,
por el hocico del viento.

Sí, el crisolito oblongo
o el basalto etiopista
o la ciclópea carta
del granito
allí te esperan, pero nadie acude
sino el ignoto pescador hundido
en su mercadería palpitante.

Solo yo acudo, a veces,
de mañana,
a esta cita con piedras resbaladas,
mojadas, cristalinas,
cenicientas,
y con las manos llenas
de incendios apagados,
de estructuras secretas,
de almendras transparentes
regreso a mi familia,
a mis deberes,
más ignorante que cuando nací,
más simple cada día,
cada piedra.

X V

One must scour the whole coastland
of Lake Tragosoldo in Antiñana
when the hard leaf of the cinnamon
shows the first flash in the dew
and pick the drenched stones, the beach-grapes of jasper
and fiery cobble,
wet pebbles, honeycombs in
the rock, pitted
by volcano and storm
and the tusk of the wind.

Yes, the oblong chrysolite,
Ethiopian basalt,
the Cyclop's map
in the granite,
wait for you there, though nobody knows
but the anonymous fisherman, pierced
by the shuddering catch of his calling.

Only I take note of such things
in the casual morning,
I keep my appointment with stones,
slippery, crystalline, ashen,
submerged,
with hands full
of dead conflagrations,
mysterious edifices,
translucent almonds.
I come back to my family
and the day's obligations,
knowing less than I did at my birth
and grown simpler each day
with each stone.

X V I

Aquí está el árbol en la pura piedra,
en la evidencia, en la dura hermosura
por cien millones de años construída.
Agata y cornalina y luminaria
substituyeron savias y madera
hasta que el tronco del gigante
rechazó la mojada podredumbre
y amalgamó una estatua paralela:
el follaje viviente
se deshizo
y cuando el vertical fue derribado,
quemado el bosque, la ignea polvareda,
la celestial ceniza lo envolvió
hasta que tiempo y lava le otorgaron
un galardón de piedra transparente.

XVI

Here is the tree in the stone,
the demonstrable world, the hard beauty purely
contrived over hundreds of millions of years.
Agate, cornelian, the votary light,
exchanged fibres and juices
till the trunk of the giant
put off its dank putrefaction
and compounded a parallel image;
life failed
in the leaf,
and when the last vertical toppled,
the forest aflame, the fiery dust-cloud passed on,
all things were sealed in a heavenly cinder
till lava and time rendered
stone the reward of transparency.

X X

Ronca es la americana cordillera,
nevada, hirsuta y dura,
planetaria:
allí yace el azul de los azules,
el azul soledad, azul secreto,
el nido del azul, al lapislázuli,
el azul esqueleto de mi patria.

Arde la mecha, crece el estallido
y se desgrana el pecho de la piedra:
sobre la dinamita es tierno el humo
y bajo el humo la osamenta azul,
los terrones de piedra ultramarina.

Oh catedral de azules enterrados,
sacudimiento de cristal azul,
ojo del mar cubierto por la nieve
otra vez a la luz vuelves del agua,
al día, a la piel clara
del espacio,
al cielo azul vuelve el terrestre azul.

XX

The American ranges are husky
and hairy, obdurate, snowy,
galactic.
There, lives the blue mother-of-blue:
blue's secret, blue solitude,
blue's eyrie, lapis lazuli blue,
the blue spine of my country.

A fuse flares, an explosion concenters,
the stone meat is pounded like grain:
smoke is delicate over the dynamite,
and under the smoke, the blue bones,
the ultramarine barrows of stone.

O cathedral of underground blue,
shock of blue crystal,
oceanic eye in the ice,
once more you rise toward the light out of water,
toward daylight,
the pure skin of space,
where blue earth is returned to blue sky!

XXIII

Yo soy este desnudo
mineral:
eco del subterráneo:
estoy alegre
de venir de tan lejos,
de tan tierra:
último soy, apenas
vísceras, cuerpo, manos,
que se apartaron sin saber por qué
de la roca materna,
sin esperanza de permanecer,
decidido al humano transitorio,
destinado a vivir y deshojarse.

Ah ese destino
de la perpetuidad oscurecida,
del propio ser —granito sin estatua,
materia pura, irreductible, fría:
piedra fui: piedra oscura
y fue violenta la separación,
una herida en mi ajeno nacimiento:
quiero volver
a aquella certidumbre,
al descanso central, a la matriz
de la piedra materna
de donde no sé cómo ni sé cuándo
me desprendieron para disgregarme.

XXIII

I am that mineral
nude:
that underground echo:
I am glad
to have come from such faraway
country:
last of them all, it may be, hardly
viscera, body and hands,
to withdraw from the mothering rock,
without knowing why,
never dreaming of permanence,
intent on my vagrant humanity,
to live and unleaf like a tree.

O fated
to dark perpetuity,
to singular being—imageless granite,
matter made perfect, irreducible, cold.
I was stone: mysterious stone;
my breach was a violent one, my birth
like a wounding estrangement,
but now I should like to return
to that certainty,
to the peace of the center, the matrix
of mothering stone
out of which—never knowing the hows and the whens—
I was loosened to live as an alien.

XXVI

Déjame un subterráneo, un laberinto
donde acudir después, cuando sin ojos,
sin tacto, en el vacío
quiera volver a ser o piedra muda
o mano de la sombra.

Yo sé, no puedes tú, nadie, ni nada,
otorgarme este sitio, este camino,
pero, qué haré de mis pobres pasiones
si no sirvieron en la superficie
de la vida evidente
y si no busco, yo, sobrevivir,
sino sobremorir, participar
de una estación metálica y dormida,
de orígenes ardientes.

X X V I

Leave me an underground haven, a labyrinth where
one day, without
eyes, without touch,
I can live as I please again, intent
upon emptiness: as mute stone
or as shadowy hand.

Nothing at all you can summon, no one
can show me the path and the place that I seek:
but one day I shall know how to use
the poor passions
that flinch from the surface
of evident life—to
surpass what I cannot
survive, search out, to partake
of the sleeper's metallic condition
and his burning beginnings.

XXVII

Repártase en la crisis,
en otro génesis, en el cataclismo,
el cuerpo de la que amo,
en obsidiana, en ágata, en zafiro,
en granito azotado
por el viento de sal de Antofagasta.
Que su mínimo cuerpo,
sus pestañas,
sus pies, sus senos, sus piernas de pan,
sus anchos labios, su palabra roja
continúen la piel del alabastro:
que su corazón muerto
cante rodando y baje
con las piedras del río
hacia el océano.

X X V I I

Divide as you can in the crisis,
in some other genesis, or cataclysm,
the body I loved.
Change her to agate, obsidian, sapphire,
to granite flayed
by the salt wind of Antofagasta.
May her minimal body,
her eyelashes,
her feet, and her breasts, the bread of her thighs,
the full lip and its red word,
endure in the skin's alabaster:
may her dead heart,
circling and singing, go down
with the stones of the river
toward the ocean.

XXVIII

El cuadrado al cristal llega cayendo
desde su simetría:
aquel que abre las puertas de la tierra
halla en la oscuridad, claro y completo,
la luz de este sistema transparente.

El cubo de la sal, los triangulares
dedos del cuarzo: al agua lineal
de los diamantes: el laberinto
del azufre y su gótico esplendor:
adentro de la nuez de la amatista
la multiplicación de los rectángulos:
todo esto hallé debajo de la tierra:
geometría enterrada:
escuela de la sal: orden del fuego.

XXVIII

The square in the crystal falls
back in its symmetry:
those who open the doors of the earth
will find in the darkness, intact and complete,
the light of that system's transparency.

The salt cube, the triangular
fingers of quartz: the diamond's
linear water: the maze
in the sapphire and its gothic magnificence:
the multiplication of rectangles
in the nut of the amethyst:
all wait for us under the ground:
a whole buried geometry:
the salt's school: the decorum of fire.

SELECTIVE BIBLIOGRAPHY

SELECTIVE BIBLIOGRAPHY

1921   *La canción de la fiesta (Fiesta Song)*. Santiago de Chile, Federación de Estudiantes de Chile.

1923   *Crepusculario (Twilight Book)*. Santiago de Chile, Revista *Claridad* de la Federación de Estudiantes de Chile.

1924   *Veinte poemas de amor y una canción desesperada (Twenty Love Poems and A Desperate Song)*. Santiago de Chile, Nascimento.

1925   *Tentativa del hombre infinito (Venture of Infinite Man)*. Santiago de Chile, Nascimento.
        El habitante y su esperanza (Sojourner and His Hope). Santiago de Chile, Nascimento.

1926   *Anillos (Rings)*. Santiago de Chile, Nascimento.

1933   *El hondero entusiasta (The Slinger-Enthusiast)*. Santiago de Chile, Empresa Letras.
        Residencia en la tierra (Residence on Earth). Santiago de Chile, Nascimento.

1935   *Residencia en la tierra. I y II (1925–1935) (Residence on Earth)*. In two volumes. Madrid, Cruz y Raya.
        Visiones de las hijas de Albión y El viajero mental, de William Blake (Visions of the Daughters of Albion and *The Mental Traveler* by William Blake). Translation. Madrid, Cruz y Raya.

1937 *España en el corazón (Spain in the Heart)*. Santiago de Chile, Ercilla.

1939 *Las furias y las penas (The Woes and the Furies)*. Santiago de Chile, Nascimento.

1947 *Tercera residencia, 1935–1945 (Residence on Earth,* III). Buenos Aires, Losada.

1950 *Canto general (General Song)*. Mexico, D.F., Talleres Gráficos de la Nación.

1951 *Poesías completas (Complete Poems)*. Buenos Aires, Losada.

1953 *Los versos del capitán (The Captain's Verses)*. Buenos Aires, Losada.

1954 *Las uvas y el viento (The Grapes and the Wind)*. Santiago de Chile, Nascimento.
Odas elementales (Elemental Odes). Buenos Aires, Losada.

1956 *Nuevas odas elementales (New Elemental Odes)*. Buenos Aires, Losada.

1957 *Obras completas (Complete Works.* Second Edition, 2 Volumes). Buenos Aires, Losada.
Tercer libro de las odas (Third Book of Odes). Buenos Aires, Losada.

1958 *Estravagario (Book of Vagaries)*. Buenos Aires, Losada.

1959 *Navegaciones y regresos (Voyages and Homecomings)*. Buenos Aires, Losada.

1960 *Cien sonetos de amor (One Hundred Love Sonnets)*. Buenos Aires, Losada.
Las piedras de Chile (The Stones of Chile). Buenos Aires, Losada.

1961 *Cantos ceremoniales (Ceremonial Songs)*. Buenos Aires, Losada.

1962 *Plenos poderes (Full Powers)*. Buenos Aires, Losada.

1964 *Memorial de Isla Negra (Black Island Memorial)*. Buenos Aires, Losada.

1966 *Romeo y Julieta (Romeo and Juliet* by Shakespeare). Translation. Buenos Aires, Losada.

1967   *La barcarola (Barcarole)*. Buenos Aires, Losada.

1968   *Las manos del día (The Hands of Day)*. Buenos Aires, Losada.

1969   *Fin de mundo (World's End)*. Buenos Aires, Losada.

1970   *Las piedras del cielo (Skystones)*. Buenos Aires, Losada.
        La espada encendida (The Flaming Sword). Buenos Aires, Losada.

1972   *Geografía infructuosa (Barren Geography)*. Buenos Aires, Losada.

1974   *La rosa separada (The Separate Rose)*. Buenos Aires, Losada.
        El mar y las campanas (The Sea and the Bells). Buenos Aires, Losada.
        Jardín de invierno (Winter Garden), 2000, *El corazón amarillo (The Yellow Heart)*
        Libro de las preguntas (Book of Questions), *Elegía (Elegy)*, *Defectos escogidas*
        (Selected Failings), *Confiesco que he vivido (I Confess I Have Lived: Autobiography)*, *Obras completas (Complete Works*. Third edition, 3 volumes). All to be published by Editorial Losada, Buenos Aires.
        2000. Buenos Aires, Losada.
        El corazón amarillo (The Yellow Heart). Buenos Aires, Losada.
        Libro de las preguntas (Book of Questions). Buenos Aires, Losada.
        Elegía (Elegy). Buenos Aires, Losada.
        Defectos Escogidos (Selected Failings). Buenos Aires, Losada.

In preparation: *Obras completas (Complete Works*. Third edition, 3 volumes). Buenos Aires, Losada.
        Confiesco que he vivido (I Confess I Have Lived). Prose autobiography, 2 volumes. Buenos Aires, Losada.